# A GRAÇA DE RECOMEÇAR

# ARIANNA PREVEDELLO

# A GRAÇA DE RECOMEÇAR

*Quinze palavras para renascer da dor do luto*

**Dados Internacionais de Catalogação na Publicação (CIP)**
**(Câmara Brasileira do Livro, SP, Brasil)**

Prevedello, Arianna
    A graça de recomeçar : quinze palavras para renascer da dor do luto / Arianna Prevedello ; [tradução Andreia Schweitzer]. -- São Paulo: Paulinas, 2021. -- (Coleção superação)

Título original: La grazia di rialzarsi : quindici parole per rinascere dal dolore

ISBN 978-85-356-4555-2

1. Dor - Meditações 2. Luto - Meditações 3. Morte 4. Perda (Psicologia) 5. Sofrimento I. Título. II. Série.

19-28806                                                         CDD-248.866

**Índice para catálogo sistemático:**

1. Luto : Palavras de consolo : Guias de vida cristã    248.866

Maria Paula C. Riyuzo - Bibliotecária - CRB-8/7639

Título original da obra: La grazia di rialzarsi. Quindici parole per rinascere dal dolore
© 2017 Edizioni San Paolo s.r.l. Piazza Soncino, 5-20092 Cinisello Balsamo (Milano) – Italia
www.edizionisanpaolo.it

1ª edição – 2021

|                         |                                        |
|------------------------:|----------------------------------------|
| Direção-geral:          | *Flávia Reginatto*                     |
| Editora responsável:    | *Andréia Schweitzer*                   |
| Tradução:               | *Andréia Schweitzer*                   |
| Copidesque:             | *Mônica Elaine G. S. da Costa*         |
| Coordenação de revisão: | *Marina Mendonça*                      |
| Revisão:                | *Adriana Zuchetto e Sandra Sinzato*    |
| Gerente de produção:    | *Felício Calegaro Neto*                |
| Projeto gráfico:        | *Manuel Rebelato Miramontes*           |
| Capa e diagramação:     | *Tiago Filu*                           |

*Nenhuma parte desta obra poderá ser reproduzida ou transmitida por qualquer forma e/ou quaisquer meios (eletrônico ou mecânico, incluindo fotocópia e gravação) ou arquivada em qualquer sistema ou banco de dados sem permissão escrita da Editora. Direitos reservados.*

**Paulinas**

Rua Dona Inácia Uchoa, 62
04110-020 – São Paulo – SP (Brasil)
Tel.: (11) 2125-3500
http://www.paulinas.com.br – editora@paulinas.com.br
Telemarketing e SAC: 0800-7010081
© Pia Sociedade Filhas de São Paulo – São Paulo, 2021

A Padre Marco
que, com paciência
e confiança, me apoiou
nos anos de luto generativo.

A Graziella e Carlo,
pais de meu marido,
cuja dor eu nunca
conseguirei avaliar.

"Com a mesma energia
que havíamos
acompanhado o dar à luz,
compreendi que poderia parir
também a morte, filha da vida."

"Se quereis verdadeiramente
contemplar o espírito da morte,
abri o vosso coração ao corpo da vida.
Pois a vida e a morte são uma coisa só,
tal como o são o rio e o mar.
Na profundeza das vossas esperanças e desejos,
está a consciência silenciosa do Além;
e assim como as sementes que sonham sob a neve,
também o vosso coração sonha com a primavera."

Khalil Gibran, O *Profeta*

# Sumário

Prefácio ............................................................ 11

Introdução ........................................................ 15

**Capítulo 1**

#mesa

Voltar a comandar o cotidiano ......................... 21

**Capítulo 2**

#fotografias

A imagem que cria arquiteturas afetivas ............ 29

**Capítulo 3**

#voz

Aprenda a deixar ir ........................................... 37

**Capítulo 4**

#palavras

Tratar a sintaxe do coração .............................. 45

**Capítulo 5**

#ausência

Aquele lugar que permanece vazio .................... 59

**Capítulo 6**

#fronteira

Voltar para o lado de cá .................................... 67

**Capítulo 7**
#paciência
Aprender a ficar de molho ......................................................... 75

**Capítulo 8**
#solidão
Admitir e satisfazer a necessidade............................................. 83

**Capítulo 9**
#sentido
Estar presente para
si mesmo ...................................................................................... 91

**Capítulo 10**
#objetos
Não se enterre num museu ........................................................ 97

**Capítulo 11**
#recordações
Viver a vertigem da memória................................................... 103

**Capítulo 12**
#refúgio
Para onde vão nossos entes queridos ...................................... 111

**Capítulo 13**
#lágrimas
O lado bom do choro ............................................................... 119

**Capítulo 14**
#tempo
Do relógio à gratidão ............................................................... 127

**Capítulo 15**
#sonho
Deixemos que ele siga seu caminho ........................................ 135

# Prefácio

A morte é sempre um abismo que se abre sob nossa caminhada na terra. Pode ser uma caminhada distraída, atenta, apaixonada, precipitada ou indolente, mas, quando somos surpreendidos pela ausência, nosso mundo emocional, físico e espiritual se dobra, causando uma instabilidade que pode reequilibrar-se em mundo novo, mas diferente, ou, então, abrindo uma lacuna que engole tudo, e só resta sobreviver.

Isso acontece seja quando a morte encerra uma vida longa e produtiva, seja quando é acompanhada de alívio por uma agonia dolorosa demais.

Também há a morte que chega tão perto de uma promessa de vida plena, ainda jovem e bela, que tudo se confunde, porque não pode realmente estar tudo acabado se um momento atrás esse tudo estava vivo e se grande parte dele ainda está esplendidamente viva e sedutora.

Aqui um jovem pai morre, morre de repente no meio da promessa. Há uma esposa ao lado, quando ele se vai no silêncio da noite. Ele a deixa dormindo, viva e jovem. E tem uma filha no quarto ao lado. Pequenina e real.

Um mundinho perfeito que desperta em pedaços certa manhã, mas não de todo destruído. Uma forma de perfeição desaparece repentinamente, uma circularidade total de afetos que se exprime através dos corpos que se escolheram e que se amam, do carinho infantil, das palavras ditas, dos sentimentos que se sucedem em um espaço organizado e "belo", graças à presença de todos. E, então, os projetos, os longos anos imaginados.

Como se faz?

Não há uma regra.

Você pode passar o resto da vida à sombra da ferida; uma sombra que nos precede e, de fato, ameaça o nascimento da possibilidade de outra forma de perfeição humana. Não há julgamento moral possível sobre o que acontece quando a vida bela e fantástica nos surpreende com uma manifestação traiçoeira.

Pode-se "elaborar o luto", uma expressão não muito feliz, mas que revela (bem) que podemos tentar não morrer com quem morreu, não deixar que nós mesmos e o mundo ao nosso redor sejamos engolidos pelo abismo.

Você pode buscar um caminho pessoal, ainda não descrito em livros e histórias.

Esta maravilhosa história de Arianna Prevedello é um presente para aqueles que a leem, porque nos leva à "desordem perfeita" de uma morte inesperada e dos dias e meses que se seguiram a ela; e, com uma liberdade de vez em quando conquistada com dificuldade, nos faz perceber como a morte é revelação, revelação humana de tanta vida.

A vida depois do luto é uma emboscada. Cada canto, objeto, cor, cheiro traz uma memória que é ausência. Tudo é uma emboscada ou uma surpresa completa. A memória diz o que perdemos e o que juntos tivemos e ainda temos. Somos o que somos porque vivemos uma história, podemos ser gratos. Gratidão humana. A fé passa pela verdade do nosso verdadeiro ser em nossa humanidade.

A cada página, Arianna conta como a fé se personifica no corpo de uma mulher, de uma criança, de amigos, pais (os pais dele: esplêndida a dedicatória aos pais dele!). A fé não se sobrepõe, não torna as coisas mais fáceis, não anestesia, não faz escapar da realidade. Está dentro, em forma de desejo, de vida aqui e de vida que continua. Assim, o pequeno mundo perfeito que despertou em pedaços pode ser consertado. Não é uma nova gênese, uma nova criação que nega a história interrompida. Apenas a mesma história única de vidas que continuam a viver, furiosamente a viver, no cuidado da mesa perfeitamente arrumada, nos passeios apreciados, nos relacionamentos aceitos. E, na revelação da repetição do erro (erro?) de arrumar um lugar a mais na mesa, entende-se, finalmente, que nesta história quem se foi está tão presente quanto quem ficou.

Mariapia Veladiano
Escritora italiana premiada, formada em Filosofia e Teologia.
Foi professora de Letras, escreve para a revista *Il Regno*, os jornais *La Repubblica*, *Avvenire* e *L'Osservatore Romano*.

# Introdução

No espaço de poucos anos vivi a experiência de ser mãe e viúva. Em pouco tempo senti todas as emoções que permeiam o arco da vida de muitas mulheres. Abundância e privação sucederam-se na correria do dia a dia, a despeito de mim, de desejos e objetivos. A agenda deu lugar à alma, o tempo cronológico ao tempo da plenitude. O sentimento de reivindicação deixou espaço para a dimensão da gratidão. Eu ainda não tinha quarenta anos, mas me sentia como uma octogenária.[1]

---

[1] Oliver Sacks, professor de Neurologia e Psiquiatria, às vésperas de seus oitenta anos dedicou quatro trabalhos aos leitores com seus pensamentos diante da parábola final da vida e da possibilidade de morrer ao descobrir-se doente. "Já faz uns dez anos que ando cada vez mais consciente de mortes entre meus contemporâneos. Minha geração está na reta final, e sinto cada morte como uma ruptura, como uma parte de mim que é arrancada. Não haverá ninguém como nós quando partirmos, mas, pensando bem, nunca uma pessoa é como outra. Quem morre não pode ser substituído. Deixa lacunas que não podem ser preenchidas, pois é o destino – destino genético e neural – de todo ser humano ser um indivíduo único, encontrar seu próprio caminho, viver sua própria vida, morrer sua própria morte. Não consigo fingir que não estou com medo. Mas meu sentimento predominante é a gratidão. Amei e fui amado, recebi muito e dei algo em troca, li, viajei, pensei, escrevi. Tive meu intercurso com o mundo, o intercurso especial dos escritores e leitores. Acima de tudo, fui um ser senciente, um animal que pensa, neste belo planeta, e só isso já é um enorme privilégio e uma aventura" (O. Sacks, *Gratidão*, São Paulo: Companhia das Letras, 2016).

A súbita morte de meu marido levou-me a viver uma dimensão feminina mais marcante. Entendi que eu também poderia dar à luz a morte, filha da vida. Sentia que poderia conseguir isso com as mesmas energias geradoras que acompanharam o parto. A dor sufocante, suficiente para ser traduzida desde o início em uma escrita difusa, não me impedia de perceber a impressionante harmonia do meu ser no mundo. A morte me convidava a cuidar dela. Obrigava-me a usar as mãos para misturar os significados do luto com a percepção de que eu poderia esticar as formas da graça e fazer parte dela com os outros.

Por causa da profunda conexão com a criação, pude compreender o quanto a mulher vive das formas de compreensão do luto que podem envolver o eu e a comunidade. Na perda, encontrei-me em uma trama de sentido aumentado que, em sua existência, estou convencida, muitas outras mulheres teceram e estão tecendo com novelos de fios invisíveis, que trazem luz e escuridão ao mundo, os estados nascentes e os estágios terminais, a chegada ao mundo e o abandono do mundo.

Nas mãos de uma mulher, o luto supera a ansiosa elaboração para se tornar uma geração de formas permitidas de estar no mundo. Em torno da morte, as mulheres encenam, sob outras formas, as dores que dão origem a estilos de vida capazes de reter o privilégio de viver.

Mulheres cada vez mais livres nos dias de hoje, capazes de deixar o véu preto daqueles que perderam em favor de uma rede com a qual sair da casa do sofrimento pronta para buscar a beleza que cada dia traz. Tudo acontece naturalmente. Assim como o ato de dar à luz acontece depois de um tempo necessário de crescimento premiado por saber dar espaço, o abandono do mundo nas mãos femininas de quem fica acontece em torno de uma soma de pequenas descobertas diárias vivenciadas e avaliadas com a mesma perspectiva geradora.

O mundo precisa de mães que deixem a vida entrar e sair para que a comunidade possa voltar a respirar dia após dia seu *"shabat"*,[2] agora órfão de significado, tão invadido pelo ritmo da era digital. Com esse espírito nasce a história do léxico do luto, na mesma perfeita desordem como chega a todos os envolvidos. A vida não é um manual e as coisas se misturam tanto com a dor que podem ficar irreconhecíveis. O esforço para traduzi-las em escrita surge do desejo de valorizar plenamente a doação de vida que a morte concede, de doar aos outros o poder gerador que o luto traz consigo.

---

[2] "E agora fraco, sem fôlego, os músculos antes firmes derretidos pelo câncer, encontro meus pensamentos cada vez mais não no âmbito sobrenatural ou espiritual, e sim no que se quer dizer com levar uma vida boa, que valha a pena – alcançar a sensação de paz dentro de si mesmo. Encontro meus pensamentos rumando em direção ao *Shabat*, o dia de descanso, o sétimo dia da semana, e talvez o sétimo dia da nossa vida também, quando podemos sentir que nosso trabalho está feito e, com a consciência em paz, descansar" (O. Sacks, *Gratidão*, São Paulo: Companhia das Letras, 2016.)

Porque "nem sempre, mamãe, a morte exige coisas ruins, mesmo que seja muito difícil", disse minha filha de 5 anos, ao meu lado, enquanto eu escrevia este livro e explicava-lhe o tema. Acho que queria dizer que também ela, como uma jovem mulher, compreendeu que, ao morrer, há uma profunda revelação para a vida e quem fica tem a tarefa de levá-la aos outros, para que possam respirar profundamente a sua existência.

Não haveria outra explicação para o fato de as linguagens da arte, do espetáculo e da literatura serem tão povoadas pelo tema da separação em suas mais diversas formas. Algumas delas, de acordo com minha sensibilidade, peguei emprestadas como ponto de partida para definir meu próprio vocabulário do luto e sua consonância com o criar. Sei que também fui um pouco ousada ao entender alguns filmes (aqui propostos) como atualizações dos salmos. Corro esse risco porque, muitas vezes durante o luto, fiquei muito mais cansada em oração em uma igreja do que no cinema. Então, preferi mais a ação do que o lugar: ajoelhar-me para encontrar força para clamar ao céu, de suplicar humildemente a graça de me reerguer. E no cinema encontrei muitos salmistas contemporâneos, a quem tentei dar voz ao lado do meu pedido de ajuda. Pablo d'Ors escreve, de fato, que "nenhum fardo é meu se eu não o carrego sozinho em meus ombros".[3] Mesmo

---

[3] P. D'Ors, *Biografia del silenzio*, Milano: Vita e Pensiero, 2014. p. 55.

nos anos de luto, uma bagagem por si só já muito pesada, há o risco de estar "apaixonada demais pelo drama". Para conter esse perigo, procurei estender, a quem as poderia valorizar, algumas questões que talvez acompanhem o indivíduo em seu caminho de sentido e sofrimento, mas também caminhos de reflexão no contexto de percursos comunitários dedicados às pessoas que vivem este tempo particular do ser humano.

Finalmente, um agradecimento especial à equipe editorial da revista *Il Santo dei miracoli*, de Pádua, que, por certo tempo, em uma coluna mensal, me deu a oportunidade de refletir com ousadia sobre um assunto tão penoso para tantas pessoas.

No entanto, meditar nos permite atravessar a morte de nossos entes queridos olhando-a no rosto, compreendendo seu perfil e fazendo dela mesma um processo de renascimento para nossa existência. Tentar permanecer no limiar da morte sem ser engolido, como acontece no tempo do luto, impede-nos de ignorar a vida como às vezes distraidamente fazemos. Mesmo que não haja uma ala hospitalar em que alguém possa nos ajudar, não podemos nos eximir de dar a morte ao mundo. É um trabalho a ser feito com paciência e confiança em todos os lugares.

Arianna Prevedello

## CAPÍTULO 1

# #mesa

# Voltar a comandar o cotidiano

A hora da refeição é um momento especial do dia, que não deve ser menosprezado desde a sua preparação, que, aliás, precisa ser a mais cuidadosa possível. Uma pessoa idosa, muito querida, me ensinou muito sobre isso. Nos longos anos em que viveu sozinha, ela jamais deixou de cozinhar e arrumar a mesa para si mesma. Nas ocasiões em que eu passava para vê-la sem avisar, para cumprimentá-la no final da manhã, eu achava a mesa com a toalha, os pratos e os copos, e no fogão ou no forno algo bom sendo preparado, um pimentão recheado, uma massa caseira ou um escalope ao vinho. Nos raros momentos em que havia convidados, a mesa tornava-se mais rica apenas em quantidade e variedade, mas não em qualidade ou cuidado. Essa mulher, a quem devo muito, sempre comia como uma rainha, apesar de sua condição modesta, como uma rainha cujo rei está temporariamente ausente, caçando ou lutando em uma batalha por longo período, mas nunca está fora de seus pensamentos. Uma mulher que nunca ouvi lamentar-se de solidão, porque, apesar de viver e comer sozinha, nunca esteve só, porque nunca pensou assim. O cuidado que colocava à mesa, para mim, sempre foi um sinal de sua saúde psíquica, apesar das dificuldades que teve na vida e do envelhecimento (também cerebral) natural da idade (*Bons administradores jantam em casa. Comer em família é bom para todos*, Luigi Ballerini).

Se há um lugar onde a ausência não passa é justamente à mesa. Alguns anos depois da morte do meu marido, quando convido alguém para o jantar, ainda continuo arrumando um lugar a mais. É quase como se me contasse em dobro. Se sobrevivo à primeira pontada de dor lancinante, chego a pensar que, como um erro, também é maravilhoso. Entro nessa condição de "bolha", na qual não sou nem da terra nem do céu. Sou do meu luto! Então, saio lentamente: "Sou apenas uma vítima de uma ação espontânea" – digo a mim mesma – "que nasce de ter aprendido a viver como casal, mais uma dimensão do que um papel. Mais uma ligação do que um nó".

Eu sempre percebo antes de os amigos chegarem: guardo o prato, a taça (inevitável), o guardanapo e os talheres. Tudo respirando fundo, e se as lágrimas vêm, eu as deixo sair. É melhor se eu não estiver maquiada, senão vira uma bagunça. E ao longo do tempo acontece de novo, como um ritual, talvez não apenas meu. Talvez aconteça com a mãe de meu marido, com um amigo nosso, com nossos padrinhos de casamento, com minha cunhada, de arrumar a mesa para dois quando me esperam. Não sei. Nós nunca sabemos como é a dor das outras pessoas, até que tentemos ouvir aqueles que conseguem falar sobre ela. E quem sabe quantas pessoas, em salas que não conheço, processam seu luto jogando fora os pratos. Que bagunça, por dentro e por fora! No entanto, atravessamos o vazio, mais uma vez e sempre, dos dias especiais: as festas iluminam o que não é perfeito.

Os gestos de uma rotina, ainda não completamente abandonada, revelam o quanto a mesa é o encontro das afeições. Na mesa da verdade, a cadeira vazia às vezes envenena também o estômago. Não sinto o gosto das comidas, algumas não consigo mais digerir. Meu corpo está mal alimentado. No entanto, não quero abdicar do trono, quero ser a rainha do meu cotidiano. Mesmo no campo da fragilidade, aprendo – como aquela velha senhora – a não tirar a coroa: não pulo as refeições, preparo tudo com cuidado, uso pratos de festa, porque as coisas não sobrevivem a nós. Na mesa de gnomos, na qual minha filha se sente em casa, não falta espaço para muitos detalhes curiosos de um cardápio nunca depressivo. Eu vejo o espanto em seu rosto: "São todas para mim", ela pergunta, "estas tigelinhas?". "Claro", e dentro de mim sussurro "por que não deveriam ser?". Afinal, eu e você somos uma rainha e uma princesa que se preocupam com seu reino, frágil e forte ao mesmo tempo. É um império onde preparar e apreciar a mesa é pensar em um lugar no mundo para si. É querer continuar a estar no mundo.

## Para refletir

+ Como são minhas refeições?
+ Sinto necessidade de cozinhar?
+ A mesa é bem arrumada?
+ Consigo me dedicar ao meu alimento?
+ Acontece de eu preparar comida para quem não está mais lá?
+ Ainda o considero comigo? Conosco?
+ Como reajo quando isso acontece?
+ Que significado eu dou a essa experiência?
+ Sinto a necessidade de falar com alguém?

## Os salmos do cinema

Assim como Tomas gostaria de voltar a escrever,
eu gostaria de voltar a comer.
Gostaria de voltar a viver.

# A GRAÇA DE RECOMEÇAR

Nós não temos culpa, mas vivemos como se tivéssemos.
Tomas não atropelou aquele menino por negligência.
Eu não perdi você porque não o amava o suficiente.
A ausência nos tortura.
Isso nos leva a não fazer mais o que antes
faríamos de olhos fechados.

Eu gostaria de sentir o sabor do que como.
Tomas gostaria de redescobrir o caminho das palavras,
a liberdade da tinta no papel.

Não é mais como antes. Eu queria que fosse.
Esses desejos adoecem: não podemos
voltar a ser o que éramos.
Não conseguimos estar com as pessoas
com quem sempre estivemos.

Gostaríamos de conversar só com quem
compartilha nossa dor.
Isolarmo-nos nesse tipo de relacionamento.

Eu peço o dom de vivê-los como uma maneira
de me tornar forte.
Eu não quero fugir.

Tomas visita Kate, a mãe do menino atropelado.
Fala com ela de situações e momentos agradáveis.

É assim que me sinto,
vivendo sem engano relações urgentes.
A dor tem momentos estranhos, que amam a noite.
Sinto necessidade de que alguém me ajude.
Que me ajude a permanecer senhora de minha vida.
Quero continuar querendo.

Tomas é o protagonista de *Tudo vai ficar bem* (*Every Thing Will Be Fine*), de Wim Wenders (Alemanha, Canadá, Suécia, França, Noruega // 2015 // duração 100').

Tomás, um escritor, atropela uma criança que repentinamente atravessa a rua. Toda a sua vida sofrerá uma reviravolta por causa desse doloroso e trágico acontecimento.

*James Franco (o protagonista Tomas):* "*Tomas é um escritor, um romancista, com uma personalidade um tanto reservada. Ele vive a vida dos pensamentos, transmitindo sua parte mais intensa em seus escritos. No início do filme, nós o encontramos em um relacionamento que não vai muito bem: sua namorada é interpretada por Rachel McAdams, e tive dificuldade em entender por que Tomas não a amava mais. Então o mundo desaba sobre ele por causa de um acidente no qual ele mata um menino. Não foi culpa dele, mas o acidente o abala tanto que sua vida sofre uma*

###### A GRAÇA DE RECOMEÇAR

*reviravolta e ele começa a mudar. Ele se separa de sua namorada, encontra uma nova pessoa e dizem-lhe que seus livros melhoraram depois do acidente. Ele poderia simplesmente ter melhorado por mérito de sua experiência e trabalho árduo, mas poderia realmente ser por causa do acidente. Uma das melhores coisas do filme é que ele não fala diretamente sobre a psicologia de uma pessoa que passa por uma experiência traumática, mas, principalmente, fala sobre os diferentes tipos de experiências e como elas podem transformar a vida de uma pessoa".*

## CAPÍTULO 2

# #fotografias

# A imagem que cria arquiteturas afetivas

No meu apartamento, todos os objetos me falam de Bernard. Os lençóis em que dormíamos juntos, persuadidos de que seria assim a vida toda... Os pratos em que comíamos havia anos... A escrivaninha na qual ele trabalhava, sua caneta, suas pastas, seu relógio, o anel de noivado comprado com o suor de suas economias estudantis, e assim por diante. Agora até o menor objeto fala comigo sobre ele. Mas, perceber que é uma grande sorte que tantos pequenos testemunhos materiais possam ainda evocar sua presença em minha vida, diminui por um momento minha privação! Eu deveria preferir o vazio absoluto?

As memórias, porém, podem ser uma faca de dois gumes. Se são prazerosas, se fazem sorrir, são uma boa coisa, apesar das lágrimas que podem fazer cair por alguns instantes. Mas, se levam a uma doença ou a um estado de depressão, nesse momento é preferível concentrar-se em uma atividade diferente... talvez prometendo a si mesmo revisitar mais tarde os belos episódios do passado vividos em comum. Quando se está sozinho para percorrer a estrada, o bom senso e o discernimento ditam as linhas de conduta saudáveis e vitais, que necessariamente devem ser seguidas, porque sabemos que, se quando se desvia delas, não há ninguém que nos coloque de volta nos trilhos.

Há muitas fotografias nas paredes da minha casa. Eu as observo com muita frequência. Espalhei as fotos em que estávamos juntos, imagens tiradas em lugares que Bernard gostava, nas montanhas ou à beira-mar, paisagens familiares e preferidas por ele. Eu as admiro, lembrando tantos bons momentos do passado. Alguns dos meus filhos me dizem que não as suportam e que na casa deles as fotos estão guardadas nas gavetas: eu entendo, cada um tem seu temperamento. Mas para mim elas continuam sendo uma fonte de alegria e preciso ver o sorriso de Bernard: ele me acompanha no meu novo caminho, me dá força todos os dias. Não quero que se dissipe na minha memória (*Um amor mais forte que a morte*, Bernadette Chovelon).

Acho que tenho um temperamento semelhante ao descrito acima. No primeiro ano após a morte do meu

A GRAÇA DE RECOMEÇAR

marido, espalhei fotos por toda a casa que ele mesmo conseguira arrumar com seu trabalho artesanal. Pendurei uma em preto e branco, na qual ele segura nossa filha pequenininha com aquela postura com a qual as mães costumam pegar o bebê recém-nascido. Está sobre o balcão que ele queria na cozinha; lá, o rei do fogão preparava suas receitas para amigos e parentes. Todo santo dia aquele clique nos confronta impiedosamente. Para os amigos e parentes que vêm nos visitar, é a mesma coisa: um pouco de reelaboração faz bem para todos. Agora que a rainha do fogão sou eu, sem querer comparar-me, acho bom que haja uma marca desconfortável e maravilhosa do reinado precedente.

Coloquei outra na biblioteca, que foi feita por ele com prateleiras ásperas colocadas em uma reentrância da parede. São aqueles detalhes de decoração que já dão ares de antiguidade a uma casa recém-inaugurada. Lá estão guardados os livros que nos uniram: viagens, gastronomia e literatura sobre nascimento e primeira infância, que eu havia resenhado para meu *blog* idealizado durante a insônia da gravidez. Ele ficou feliz de eu ler todas essas publicações, porque assim o ajudaria a ser um bom pai, ele me dizia. Mas ele já era por natureza. Nós já sabíamos pelos gestos que ele tinha com os filhos dos outros em tempos insuspeitos.

Pendurei outras fotos grandes no quarto da minha filha, para que ela possa se alimentar dos detalhes que sempre me pergunta e de novas histórias. As imagens acalmam e ao mesmo tempo provocam a fome de memória, em um jogo que algumas vezes parece perverso e outras vezes, sem dúvida, benéfico. Ela faz bem a parte dela, o resto depende de mim. Se eu soube fazer prevalecer o instinto da vida que abre meus olhos todas as manhãs, rever o rosto de meu marido é uma alegria, uma revelação contínua de novas ressurreições. Se, como acontece periodicamente, me sinto perdida no labirinto da dor, será uma verdadeira tragédia encarar a imagem. Convive-se com esses altos e baixos desde que, quem sobrevive, consiga enfrentar essas mudanças de humor. Aprende-se a não julgar o tratamento da dor do outro. Só conhece a cruz quem a carrega.

Com esse espírito, quis pendurar seis fotos na parede do fundo do *closet*. Ele próprio a havia revestido com uma madeira que a fez se tornar a linda moldura do meu espelho. Colocadas ali, essas fotos são necessidades do coração para o pôr do sol e o amanhecer de todos os dias. Entendo que gosto de lidar com a realidade, não a esquecer entre crueldade e poesia. Não é uma tortura, é uma terapia medida e escolhida. Em todas as fotos está meu marido com nossa filha em várias ocasiões, dos três anos em que puderam passar juntos. Todas elas têm a mesma moldura, como se fossem os fotogramas de um filme imperfeito, mas completo. Em uma foto meu marido está em um daqueles grandes boxes de vidro transparentes, com uma estética contemporânea, enquanto toma e dá banho em nossa bebê: estávamos em Val Venosta, durante nossas primeiras férias dois meses após o parto. É um instantâneo muito íntimo, retratando-o de meio busto, que mistura virilidade e ternura. Rezar com ela, todas as noites, me lembra sem vergonha de que somos corpos, instinto, matéria, contato... tudo de que você sente falta quando a morte chega. A foto me faz lembrar o quanto essas dimensões são um presente inédito na vida, que não pode ser ignorado.

Enquanto pendurava essas fotos, com toda a honestidade, eu me perguntava com modéstia se me estava aprisionando em meu próprio quarto. Queria eu ser a viúva que celebrava no santuário? De fato, naquele quarto em que acordei na noite em que o encontrei sem vida ao meu lado, sinto-me implacavelmente na presença de Deus, da verdade das primeiras e últimas coisas.

Aquele quarto assumiu o *status* da sacralidade da vida que se abre, fazendo amor, e da vida que se despede, perdendo o amor. Naquele quarto aprendi o que é a vida, a que não pode ser esquecida. Por isso, enquanto pendurava as fotos, sonhava ainda ser amada por alguém. Era a esperança que muitos me haviam sussurrado, ainda nos primeiros dias de luto, chorando comigo. "Você é jovem", eles me diziam, "você tem que 'refazer' a vida". Ainda não entendi muito esse "refazer"; não há mais nenhuma pressa, porque você vive o bem de cada dia que vem sem aviso de muitos fluxos humanos. Mas compreendi que não se "refaz" nada: isso sim está claro para mim. Você continua a vida de antes, sempre sabendo que, se você amar de novo, e você quer, você o fará graças, sobretudo, ao que você aprendeu em seu casamento e com seu marido, no limite e na obra-prima da vida a dois. Aquele marido que não está apenas na foto. Que não está apenas no céu.

## Para refletir

- Sinto a necessidade de ter algumas fotos?
- Onde quero colocá-las? Por que nesse lugar?
- Quais fotografias escolhi?
- Que lembranças me trazem?
- O que sinto quando estou diante delas?
- Às vezes sinto falta de ar?
- O que o rosto dele me oferece?
- Tenho vontade de retirá-las, às vezes?
- Terei coragem de fazer isso, se for necessário?
- Sinto-me culpada por pensar em fazer isso?

## Os salmos do cinema

Gostaria de ser como John May.
Ser encarregado de encontrar o parente mais próximo
de quem morre na solidão.
Ser capaz de saber como cuidar dos mortos
até o último dia da minha vida.
Saber cuidar daqueles que se foram
com a mesma dedicação.
E, como ele, ir ao encontro de quem ainda está vivo
com a mesma carga de humanidade.
Abaixando os tons e me fazendo vivo com ternura.
Aproximando-me com gentileza
e ouvindo suas histórias.
Sinto o desejo de ser um mestre da vida
como o Sr. May.
Gostaria de poder parar diante de fotografias
de pessoas desaparecidas que não conheço.
Saber procurar, como um cão de caça,
os detalhes preciosos em seus quartos.
Ser capaz de imaginar o que os mantinha vivos.
Tentar tecer os laços que os tornavam habitáveis.
Tentar reconstruir as relações complicadas
que se tornaram tão difíceis.
Se eu soubesse como consertar a vida, poderia passar
pelo mistério da morte.

Ela virá também para mim.
Peço o dom de John de observar as fotos
de meus entes queridos.
Com o qual observar as notícias de amor
que a vida saberá me trazer.

John May é o protagonista de *Uma vida comum* (*Still Life*), de Uberto Pasolini (Inglaterra, Itália // 2013 // duração 82').

Um homem de meia-idade dedica-se a encontrar os familiares de pessoas que morrem sozinhas e é muito cuidadoso com o que faz. A morte o alcançará quando o amor bater à sua porta.

*O diretor: "Fiquei impressionado ao pensar em tantos túmulos solitários e tantos velórios desertos. É uma imagem muito forte. Comecei a refletir sobre a solidão, sobre a morte e o significado de pertencer a uma comunidade e como o costume da boa vizinhança desapareceu para muitos de nós. Enquanto escrevia o roteiro, me senti culpado por não conhecer meus vizinhos e minha comunidade local. E pela primeira vez fui à festa de rua no meu bairro, sentindo o desejo de participar dessa pequena tentativa de criar um vínculo entre os vizinhos".*

## CAPÍTULO 3

## #voz

# Aprenda a deixar ir

A mãe de Siobhán morreu quando a menina estava com apenas três anos. [...]

Agora ela tinha dez anos e não conseguia lembrar do rosto da mãe. Já havia procurado em todos os cantos da casa. Encontrou velhos livros da mãe, uma echarpe e um par de extravagantes sapatos verdes, mas nenhuma fotografia.

Siobhán conseguia se lembrar das mãos da mãe. As mãos dela penteando seu cabelo, as mãos dela descascando uma maçã, segurando o volante do carro, botando as meias em Siobhán, e as mãos dela em sua perna, quando a filha ia lhe dar boa-noite no escuro do quarto. Quando Siobhán fechava os olhos, podia ver as mãos da mãe fazendo tudo isso e muito mais. Mas não importava o quanto se esforçasse ou o tempo que ficasse de olhos fechados, nunca conseguia ver o rosto da mãe.

Ela conseguia lembrar da voz da mãe. E também de algumas palavras.

— Temos gato e batatas para o jantar, Siobhán. Que tal?

— Eca.

— O eca é para o gato ou para as batatas?

— Eca para o gato.

— Está bem, então vou trocar o gato por um frango.

Também conseguia se lembrar da mãe cantando. Podia ouvir a mãe, mas não conseguia ver seu rosto.

O espaço vazio onde o rosto da mãe deveria estar era como uma dor, uma infelicidade gigantesca que Siobhán carregava consigo aonde quer que fosse.

Quando ela via outras mães abraçando seus filhos, ou abotoando seus casacos, até quando via a mãe de seus amigos gritando com eles, a dor crescia em seu peito e fazia lágrimas subirem até os olhos. E, quando ela cresceu, a dor foi ficando pior, porque sua mãe parecia ficar cada vez mais distante (*É a cara da mãe*, Roddy Doyle).

Chega uma hora que nunca se desejaria. É o tempo do esquecimento dos sinais humanos do nosso falecido. E não é igual para todos. Há aqueles que, como Siobhán, não conseguem mais se lembrar do rosto da mãe, ou como minha filha que, se fecha os olhos, não consegue ver o rosto do pai. Ela precisa, como todo mundo, das fotos para reencontrar o sorriso, como uma criança que momenta-neamente se perde de seus pais no meio da multidão. Há aqueles que, como eu, esquecem a voz: eu me esforço, me obrigo, mas não consigo fazê-la ressoar na minha cabeça. Não há nada mesmo, eu não a ouço.

No dia em que percebi que a havia perdido para sempre, sofri uma espécie de segundo luto. Sofri com a mesma intensidade de quando se sente pela primeira vez – de alegria, nesse caso – os movimentos de um filho no útero. São emoções primitivas, que nos afastam de qual-quer coisa que requeira nossa atenção. Desarmados pela imensa dor que pouco a pouco não lhe deixa nada de seu amado na terra, ainda temos força, porém, para nos sen-tirmos culpados.

Como podemos nos permitir esquecer a voz de nos-sos entes queridos? O rosto deles? Como pudemos ser tão distraídos? Uma vida juntos, embora curta, não é suficien-te para fazer lembrar sua voz? É compreensível que isso aconteça com as crianças, que estão desenvolvendo a me-mória, mas nós, adultos, como pudemos deixar que nosso coração se tornasse tão surdo ou cego?

Lembro-me de contar aos amigos, a alguns padres, à terapeuta. É um aspecto do luto que se aproxima como um "xeque-mate", porque aquela voz, aquele rosto, na verdade, são direitos seus como uma vitória sobre todo o mal que você sente. E, no entanto, quando você menos espera, é surpreendida por esse movimento temerário. Se você confia na vida que ainda o hospeda, não se sente desonesta. É um movimento na partida da reelaboração que obriga você a se nutrir de seu ente querido, finalmente, de uma nova maneira. A não permanecer preso em querer guardá-lo para si mesmo, deixá-lo ir para os braços de quem o embalará até o fim dos tempos.

Mais uma vez, na liberdade do amor que deixa livre mesmo quando no meio há eternidade. Siobhán receberá uma sugestão para sempre reencontrar o rosto de sua mãe. Vale a pena descobrir lendo o livro. Nós somos socorridas por um breve vídeo feito em nossa cozinha. É véspera de Natal: ela – com três anos de idade – se diverte com o pai fazendo macarrão caseiro, e eu trago-os de volta. Há uma voz, há um rosto para o qual retornar de tempos em tempos. Sem cobiça.

## Para meditar

- Se eu fechar meus olhos, do que sinto falta de meu ente querido que se foi?
- O que não consigo lembrar sobre ele?
- O que é mais fácil lembrar?
- O som da sua voz? As características de seu rosto?
- Seu cheiro? Seu jeito de andar?

- O que eu gostaria de rever em um sonho?

- O que eu perdi para sempre?

- O que posso guardar?

## Os salmos do cinema

Eu me sinto como Tom, traindo a coisa
mais querida para mim.
Não me sobram mais do que alguns pedacinhos dele.
Tom os encontra em uma mochila;
eu, semeados em minha casa.
Gostaria de vasculhar com zelo, como ele faz.
Como Tom, eu perdi o seu corpo, a sua voz,
o seu rosto, o seu sorriso.
Como para Tom, permanecem nítidas para mim
as suas expressões de raiva, as brigas,
as distâncias percorridas.
Resta-me um cadáver e em breve
nem isso será meu.
Não tem vida.
Eu não posso ficar com ele para sempre.
Tem cheiro de morte.
Começo a andar com Tom em busca
do significado profundo daquele que se foi.
Do que ele amava. Das paixões que o entretinham.
Dos sonhos que embalava. Das utopias que perseguia.
De tudo o que fingi não ver.

De tudo o que nunca me interessou em sua vida.
Sinto que, como Tom, estou chocada com a sua morte.
Sinto que, como Tom, sou seduzida pela sua vida.
Caminho, sigo seus passos.
Algo permanece.

Tom é o protagonista de *O caminho* (*The Way*), de Emilio Estevez (EUA // 2010 // duração 94').

Tom, um médico americano, viaja aos Pirineus para recuperar o corpo de seu filho, que morreu durante a experiência do Caminho de Santiago. Só lhe resta colocar-se a caminho, refazendo seus passos.

> *Martin Sheen, o protagonista Tom, declarou que o Caminho de Santiago sempre foi um sonho. Depois de ter a honra de apertar a mão de Madre Teresa de Calcutá, de sentar-se ao lado de João Paulo II no Vaticano, de visitar o santuário de Lourdes e rodar um filme em Medjugorje, Martin agora deseja continuar em seu caminho de fé, visitando a Catedral de Santiago depois de percorrer toda a peregrinação. No período em que esteve empenhado no papel do presidente dos Estados Unidos, Jed Bartlett, na série de TV The West Wing, ele teve a oportunidade de realizar seu sonho, pelo menos em parte. Em meados de 2003, durante*

*uma grande festa familiar em que encontra alguns parentes irlandeses, ele tem uma inspiração. Convence alguns de seus familiares a ir com ele à Espanha, percorrendo o Caminho de Santiago em direção à Galícia, pátria de seu pai. Infelizmente, Martin teve apenas sete dias para realizar seu sonho: depois precisou voltar ao trabalho, em Los Angeles. Embora esteja ciente de não ter tido tempo suficiente para completar o Caminho, ele o iniciou assim mesmo, porque talvez não haja outra chance. É agora ou nunca.*

**CAPÍTULO 4**

# #palavras

# Tratar a sintaxe do coração

Quando nos deparamos com a necessidade de falar sobre a morte de alguém, é difícil explicar o que aconteceu e o que acontecerá com a pessoa falecida, porque qualquer explicação possível é dada com base em uma "crença" ou em uma esperança, e não em uma certeza. Além disso, o desconcerto causado pela morte de um ente querido também pode levar à crise ou minar as crenças mais profundas. No momento em que a morte nos tira alguém, é difícil aceitar o acontecimento: ficamos sem palavras.

Um elemento fundamental com relação às explicações é que as pessoas que conversarem com uma criança sobre o que aconteceu deem a mesma versão, talvez combinada antecipadamente. As crianças muitas vezes recorrem a várias pessoas com as mesmas perguntas, também para comparar as várias versões. Se uns falam de céu e paraíso e outros de cemitério e túmulo, a criança ficará confusa a respeito, por exemplo, do lugar destinado aos mortos. O direito de explicar pertence à pessoa mais próxima da criança, assim que for capaz de "falar", se ela também estiver envolvida na perda (*Come parlare ai bambini della morte e del lutto*, MARIA VARANO).

Se há algo que nos une, é o fato de que não estamos preparados para a morte. No entanto, há algumas mortes relacionadas a doenças que, apesar da tortura indizível, permitem a quem as acompanha, muitas vezes sem descanso, uma paralela e progressiva aragem da alma. Isso não diminui a dor, mas ao menos permite que você a encare, com todos os seus riscos, face a face. Gera um ambiente de escuta que prepara para a discussão de um tema primitivo e altamente desencorajador, que pode ser contemplado até mesmo com os pequenos.

Com eles é preciso procurar as melhores palavras, dinâmicas, oportunidades possíveis e usar o contato corporal para conseguir dizer o que com a voz não se consegue pôr para fora. Explicar, como se fosse possível, é outra peça da obra-prima que nos é confiada ao vir ao mundo. Sem mencionar que toda fase tem suas próprias formas de raciocinar e que a idade da certidão não necessariamente é a mesma do coração da criança. Como Maria Varano nos lembra, o adulto mais próximo a ela não pode abdicar de seu papel de "condutor" na fronteira da vida. Os adultos

A graça de recomeçar

também sabem interpretar a verdadeira idade dos pequenos. Eles devem oferecer apoio e responder à necessidade de sentido.

Como aconteceu durante a noite, enquanto dormia, e como ele estava bem até algumas horas antes, são duas as variáveis imprevisíveis da morte do meu marido que me deixaram vulnerável, para sempre, diante da vida e, por consequência, diante de minha filha de três anos. Ela testemunhou minha tentativa de despertá-lo e trazê-lo de volta, o pedido de ajuda e até as manobras de reanimação, até que finalmente eu pude deixá-la nos braços de minha irmã durante a constatação da morte e a partida horizontal e definitiva de nossa casa.

Naquela noite, meu coração de mulher e esposa não tinha espaço. Sei que só pensava nela; tinha uma espécie de sentimento de culpa por ter arruinado sua vida para sempre. Não consegui protegê-la de todos aqueles momentos que considerava tanto humanos como diabólicos. No *blog* que eu havia começado durante a gravidez, tinha escrito sobre mil temas relacionados à infância, exceto a morte. Nunca imaginei ter de enfrentar uma situação irremediável com ela tão pequena e sem ter tempo para colocar as ideias em ordem. No meio da noite, pedi a uma amiga que me ajudasse a entrar em contato com uma pessoa competente com quem pudesse ao menos falar ao telefone ao nascer do dia.

Sentia que havia perdido o controle da minha vida, mas tentava mantê-lo, pelo menos no meu papel de mãe, para decidir os passos certos a dar para inaugurar o instinto de resiliência do qual eu tanto havia lido sobre a infância. Uma pessoa extraordinária que eu não conhecia, ao telefone, gentilmente me empurrou na direção de Varano. Ela me explicou a importância de não deixar minha filha de fora do que estava acontecendo: eu não a protegeria impedindo-a de vivenciar a realidade. E me instruiu a defender de todas as formas o meu direito de escolher livremente como ajudá-la a participar do nosso luto.

Nos dias seguintes, houve muitas ocasiões em que outros puderam tomar decisões em meu lugar, também a respeito dela, mas esse telefonema foi a minha prova de fogo para nunca ceder a essa tentação que aparecia repetidamente no meu cotidiano. Encontrei sempre a força para lidar com isso porque as energias espirituais da maternidade ainda estavam lá. Deixei que os outros, parentes e amigos, se dedicassem às muitas tarefas que idealmente teria imaginado para mim e me concentrei mais no que significativamente importante a ser compartilhado com ela. Foi a melhor escolha da minha vida e, depois desse tempo, sinto uma gratidão maravilhosa por aqueles que me mostraram o caminho que fez tão bem à minha filha, a mim e àqueles que nos rodeiam.

A GRAÇA DE RECOMEÇAR

Naquele mesmo dia tive de encontrar coragem para dizer-lhe que o pai não acordaria mais, nunca mais voltaria e que ele partira, para sempre, em uma viagem ao céu. Essas sentenças pertenciam ao seu vocabulário de três anos e com elas poderia lidar e tirar suas conclusões. Naquela época compreendi, de fato, que as notícias e explicações sobre a morte não têm um vocabulário obrigatório e que, aliás, ele deve ser adequado a partir das ferramentas que as crianças já possuem para aceitar o infame veredicto.

Se eu tivesse usado a todo custo a palavra "morte", teria acrescentado pouco, porque a questão central era o "para sempre". Para sempre nos amaríamos, para sempre ele seria o pai dela, mas para sempre também não o veria novamente. Aliás, estou bastante convencida de que usar a palavra "morte" não teria sido menos trágico, e eu tive que defender diante dos outros adultos a minha escolha de não usá-la: lágrimas e mais lágrimas. Naquele momento, minha filha só queria entender quando o pai voltaria. Fiz o melhor que pude para não dizer mentiras ao explicar o que era a morte, sabendo que ao substantivo chegaríamos aos poucos, com o tempo.

Dependendo da idade da criança, mudam as necessidades de compreensão e os pais ou adultos mais próximos a ela devem encarregar-se do desejo do momento, sabendo que dia após dia terá de satisfazer novas exigências de sentido. É uma maneira de ser que uma mãe aprende com fé, ouvindo as sensações e os sentimentos ao longo de nove meses. Assim como para os adultos, também para as crianças, falar sobre a morte não tem fim de um momento para outro. O que acontece com o corpo de um falecido e para onde vai sua alma, o céu e o cemitério, o que acontece depois da morte e se há vida após a morte... São perguntas que nunca chegam todas ao mesmo tempo e, mesmo que acontecesse, o adulto pode "administrar" uma resposta significativa entre a ciência, a poesia e a fé (onde houver), aos poucos, sabendo que as crianças também nos copiam em nossa necessidade de fracionamento. Sabendo que não estamos oferecendo uma certeza em nossa resposta, mas apenas uma humilde tentativa de caminhar juntos, uma jornada na qual cada um terá uma experiência pessoal, na qual adultos e crianças viverão respostas inéditas.

Minha filha aprendeu o substantivo mais apropriado, tão discutido, fazendo cocô no banheiro alguns dias depois, sem adultos e conversando com sua amiguinha, provando que as crianças são competentes e que algumas coisas podem ser geridas por elas mesmas. Senti que não a havia traído porque a palavra expressava aquele "nunca mais" que havíamos abraçado e chorado juntas, e depois me procurou para confirmar se ela podia usar essa palavra para dizer que não haveria retorno.

Eu confiei nela e ela teve o tempo dela. Mais que isso, eu me nutri de seus significados e de sua fé infantil de que ela foi capaz de alinhar durante o trágico Natal em que a morte ocorreu. Naqueles dias, em nosso quarto ela escolheu as roupas para a jornada do pai ao céu, comigo e com os amigos – era uma liturgia próxima ao leito da vida e da morte –, e decidiu que o céu para o qual o pai estava indo era o do presépio preparado naquelas semanas justamente com ele. Sentia que ele estava um pouco no céu, mas também um pouco na gruta em companhia do Menino Jesus.

Foram as palavras dela que o explicaram, certamente não as minhas. A todos nós pareceram adequadas e ela as encontrou enfrentando o rosto menos romântico de "para sempre". Estava participando de um processo ao qual havia sido admitida sem restrições e eu percebi que era um presente para todos, mesmo que cada pergunta ao longo dos meses fizesse escorrer o maldito rímel que eu obstinadamente continuei passando. Não há dia que passe sem suas perguntas, ainda que agora minha maquiagem resista melhor. Eu acolho as mudanças na curiosidade, que se torna cada vez mais da terra que do céu, mas eu não deixo de usar essa poesia que vem das experiências pelas quais passamos. Continuo explicando-lhe a vida com a vida. Não sei fazer melhor.

Outros ao seu redor usavam frases que eu não sentia apropriadas à minha abordagem materna, mesmo sendo crente. Não é possível cercar a criança e impedi-la de ouvir outras construções. Não consegui e aceito a contaminação que vem da comunidade social e religiosa em que ela está inserida. Ela escutou e depois me devolveu pensamentos, por exemplo, ligados ao fato de que certamente Deus havia chamado seu pai para si ou que seu pai devia ser um anjo, se Deus o queria consigo.

Pessoalmente, deixei que tais frases caíssem no vazio, apoiando mais outros percursos narrativos baseados em seu imaginário fantástico e espiritual. São escolhas feitas com humildade, sabendo que mesmo assim podemos errar.

No entanto, sentia que muitos detalhes nos levavam naquela direção, como uma corrente saudável em direção a um mar de significado. Um mês antes da morte de seu pai, assistimos a um espetáculo teatral com vídeos, palavras e músicas sobre o famoso alpinista Walter Bonatti. Durante a peça, ela ficou imensamente impressionada e permaneceu em silêncio o tempo todo, sem perder um único detalhe. Alguns dias depois da morte do pai, ela me perguntou se ele também havia chegado ao céu como aquele "senhor" que alcançara o cume. Ela me explicou com grande habilidade que achava que ele havia usado

A GRAÇA DE RECOMEÇAR

aqueles sapatos especiais que os escaladores usam hoje em dia. Ela os havia visto saindo do teatro e via-os como anjos, mas a essa conclusão havia chegado com suas ferramentas existenciais. Eu não lhe havia sugerido nada porque, em nossa imperfeição de cônjuges e pais, me sentia muito desconfortável em passar uma ideia angelical.

A morte é a hora da hesitação, da dúvida, da dor: mostrar-se forte a todo custo, com frases que se derretem como neve ao sol, não era realmente para mim. Eu decidira abraçar o luto e seus significados tentando imaginar o pai subindo ao céu equipado como um alpinista de tudo o que ele havia vivido, mesmo que, aos olhos de nós humanos da terra, os seus 35 anos parecessem muito pouco. Sem os significados de Viola, eu não o teria contemplado com a autoridade de seu equipamento.

A perspectiva das crianças permanece um ponto de vista fundamental para reconstruir a vida após a morte, e ainda estamos conversando de nosso luto com Deus. Optamos por não assumir a presunção de conhecer suas ações. Nós nos concentramos nas nossas e muitas vezes subimos às montanhas com a esperança de que as distâncias sejam encurtadas. A única coisa certa é que, no Paraíso, segundo minha filha, há muito chocolate e o papai os rouba de Jesus, como ele fazia na terra com todos nós, até com ela. Talvez isso também seja teologia.

## Para refletir

- Que palavras me acalmam?
- Que frases abrandam minha dor?
- Que palavras me causam ansiedade e angústia?
- Desde que você se foi, consigo falar com você?
- O que eu quero dizer?
- O que não posso ouvir dos outros?
- O que me tortura nas palavras deles?
- Como falo da sua morte?
- Eu me canso de falar sobre meu estado de espírito?
- Se me perguntam como estou, tenho vontade de responder?
- Posso dizer a verdade?
- Quem realmente quer saber onde está minha alma?

## Os salmos do cinema

Eu me sinto como Alice,
que não encontra mais as palavras.
Ela está doente, mas, a minha maneira, também estou.
A saudade de você se parece com a falta
que Alice já sente de si mesma.
É lentamente devorada pela doença,
também em seu intelecto.

Eu gostaria de anotar as palavras, como ela,
para não as perder no futuro,
mesmo que agora eu não as consiga dizer-lhe.
Não sou capaz de lembrar o significado
que elas têm para mim.
Peço o dom das palavras.

Daquelas que protegem, que aquecem,
que nutrem.
Daquelas que dão confiança, que dão segurança,
que dão futuro.
Daqueles que dizem onde estou, quando me perder
como Alice.
Eu peço para mim e para aqueles que quiserem
estar perto de mim.
Peço-vos palavras que me possam libertar.
Eu estou presa na minha dor.
Alice é prisioneira de sua doença.
Libertai-nos com a palavra.

 Alice é a protagonista de *Para sempre Alice* (*Still Alice*), de Richard Glatzer e Wash Westmoreland (EUA // 2015 // duração 99').

Alice Howland começa a esquecer as palavras, a coisa mais trágica para uma professora de Linguística. Quando é diagnosticada com Alzheimer, dá início à batalha para permanecer atrelada ao que mais ama.

*Wash Westmoreland (codiretor): "Em dezembro de 2011, Richard e eu recebemos um telefonema de dois produtores, Lex Lutzus e James Brown, que nos pediram para dar uma olhada em um romance. Foi uma daquelas oportunidades totalmente inesperadas para as quais os cineastas literalmente 'vivem'; porém, quando descobrimos qual era o tema do livro, ficamos travados. O enredo – uma mulher brilhante diagnosticada com uma forma precoce de Alzheimer – sugeria um filme sobre a doença, o desespero e a morte. Era um tema muito familiar para nós. De fato, no começo daquele ano, Richard havia passado em consulta com um neurologista em Los Angeles, depois de algumas dificuldades com a fala. O médico examinou sua boca, notou uma contração muscular na sua língua e aventou: 'Eu acho que é ELA [Esclerose Lateral Amiotrófica]'. Passamos muito tempo nos meses seguintes tentando administrar as repercussões disso, tanto do ponto de vista médico quanto emocional. Lendo os primeiros capítulos do livro, encontramos similaridades que nos eram familiares de uma maneira inquietante: o neurologista ao qual Alice se dirige inicialmente faz as mesmas perguntas feitas a Richard no início de seus exames; e o crescente sentimento de terror que acompanhou o diagnóstico, a sensação de ter asas cortadas, no momento em que a vida adquirira sua plenitude total. Nós realmente queríamos encarar um filme desse tipo naquele momento?".*

**CAPÍTULO 5**

# #ausência

# Aquele lugar
# que permanece vazio

Não há nada que possa substituir a ausência de uma pessoa querida, e nem devemos tentar fazer isso; simplesmente temos de suportá-la e superá-la. À primeira vista, isso parece muito duro, mas é ao mesmo tempo um grande consolo, pois, ao deixar a lacuna realmente aberta, ficamos unidos um ao outro por meio dela. É errado dizer que Deus preenche a lacuna. Ele não a preenche; ao contrário, justamente a mantém aberta e, dessa maneira, ajuda-nos a preservar nossa comunhão autêntica – ainda que com dores. Mais: quanto mais belas e plenas as recordações, tanto mais difícil é a separação. Mas a gratidão transforma o tormento da recordação em alegria silenciosa. Levamos em nós as coisas belas que passaram não como um aguilhão, mas como um presente precioso. Devemos cuidar para não ficar remexendo nas lembranças, entregando-nos a elas, assim como não se admira um presente precioso o tempo todo, mas apenas em momentos especiais, e no restante do tempo se possui esse presente como um tesouro oculto que está assegurado. Assim, do que passou emanam alegria e força constantes (*Resistência e submissão*, Dietrich Bonhoeffer).

Seja qual for a terapia que façamos, como Bonhoeffer recorda, a ausência permanece, a princípio sufocante e, em seguida, como um vazio que não pode ser compensado por nenhuma boa notícia. Não há nenhuma criança que possa substituir a perda de uma gravidez anterior, não há irmão que possa substituir outro que morreu cedo demais, não há um novo companheiro de vida que possa tomar o lugar do falecido.

Tomar o lugar é uma mentira a que ninguém deve se submeter: cada nova circunstância alegre em nossa vida não é uma substituição, mas o fruto primaveril depois de um inverno rigoroso, que emergiu de nossa capacidade de reagir à dor de um distanciamento definitivo e do sofrimento que nos derrubou por muitos dias.

Naqueles dias, aprendemos a ouvir a voz de "não tema", como ouviu Maria, sabendo que uma nova graça abalaria nossa vida e não temos vergonha de desejá-la, cultivá-la e partilhá-la com os outros. Nesse sentido, o luto é generativo porque, se elaborado dia a dia, nos coloca no mundo como nenhuma outra experiência. Ele nos faz

A GRAÇA DE RECOMEÇAR

amar a vida de uma maneira franca e imperecível, como ninguém seria capaz de nos ensinar. A morte se torna uma professora a quem devemos a vida.

Às memórias devemos, ao contrário, a garantia de que não cedemos à substituição porque guardamos em nós a lembrança do diferente e do irrepetível que toda relação instala em nossa vida e do sentido do tempo que molda nossa pessoa. Será quase mais fácil esquecer a voz ou a fisionomia de um ente querido, como descrevemos nas páginas anteriores, do que as sensações que nos ligavam a ele. Elas nunca vão trair nosso coração. Surpreendi-me ao recordar profundamente de meu marido abrindo um pacote de biscoitos que ele adorava. Lembrei-me do quanto ele gostava de comer os que eu fazia, mesmo que estivessem meio queimados, com um café à noite.

É verdade que as memórias às vezes são como armadilhas imprevisíveis, que nos fazem sentir tristeza e solidão, mas também nos devolvem bens ilimitados que compartilhamos com aquela pessoa. Minha filha muitas vezes quer as almôndegas que seu pai fazia, mergulhadas no molho; pede-as a mim quase mais do que as fotos do pai. Talvez porque lhe pareça um pouco comer com ele, enquanto ele lhe dava colo.

Como pode, então, uma mãe que perdeu um filho recém-nascido esquecer seu perfume? Como pode um neto não reencontrar sua avó, quando come um prato que se parece com o que ela costumava fazer? Ou não vacilar um viúvo, quando encontra numa gaveta um lenço ou colar de sua esposa? Ou não comover-se um menino ao caminhar na rua pela qual passou muitas vezes com seu amigo de escola que se foi?

São átimos. Instantes em que a eternidade se abre como uma janela em nosso íntimo. Momentos em que a essência de Deus é revelada na plenitude do vazio e no qual somos assaltados pelo desejo de ser abraçado por ele, como um Pai que sabe preencher eternamente cada vínculo nosso desfeito.

## Para refletir

+ Consigo suportar sua ausência?

+ A agonia diária de me acostumar a viver sem você me permite chegar à noite?

+ O que torna meus dias suportáveis?

+ O que me leva a não temer?

+ Em quais situações sua ausência se torna vertiginosa?

+ Em que momentos senti sua presença como uma eternidade ao meu redor?

+ Em que circunstância difícil percebi uma ligação rompida para sempre?

- Como posso experimentar sensações tão diferentes ao mesmo tempo?
- Fim e eternidade?

## Os salmos do cinema

Eu me sinto como Greg. Eu não sei se vou aguentar.
Se consigo estar na presença de sua ausência.
Eu aprendi o mundo com você.
Como Greg encontrou em Rachel a coragem
para enfrentá-lo.
Nós nos fazíamos companhia como eles dois.
Também ao final. Ainda que não soubéssemos
muito sobre o fim.
Eu podia suportar a ideia diária de perder você.
Mas não a certeza de nunca mais ter você ao meu lado
como agora.
Não consigo encontrar objetivos para minha vida.
Estou perdida com você.
Engolida como a simpatia de Rachel.
Sem aviso prévio. Quando se entende.
Quando a linguagem finalmente
abrigava os dois.
Você me deixou uma pista escondida
para eu sobreviver?

Greg encontrou no quarto de Rachel.
Eu também quero um adeus, um guia
para conduzir a vida sem você.
Para continuar entendendo você mesmo agora
que não está mais aqui.
Para continuar a conhecê-lo,
porque eu não tinha terminado.
Eu procuro.
Vai estar lá.

Greg é o protagonista de *Eu, você e a garota que vai morrer* (*Me and Earl and the Dying Girl*), de Alfonso Gomez-Rejon (EUA // 2015 // duração 104', baseado no livro de Jesse Andrews).

Greg é um adolescente que tentava passar "invisível" pelo Ensino Médio, quando se vê obrigado a sobreviver a uma missão bem mais difícil: fazer companhia a Rachel, a colega diagnosticada com leucemia de quem nem mesmo era amigo, mas que transforma sua vida para sempre. E Greg deve isso a sua mãe!

*Connie Britton (que interpretou a mãe de Greg, Jesse): "Os pais de Greg se complementam. Ambos têm uma visão muito aberta do mundo. Minha personagem ama seu filho e acredita totalmente nele.*

*Quando Rachel fica doente, ela acha que isso pode se tornar uma missão iniciática para Greg. Ela faz com que se tornem amigos. Seria muito importante para seu filho. Isso o ajudaria a crescer, ensinaria alguma coisa a ele. Faria dele uma pessoa melhor. Por isso realmente o empurra com todas as suas forças. Através de seu relacionamento com Rachel, Greg aprende algo difícil que, para muitos de nós, acontece, mais cedo ou mais tarde, em algum momento da vida. E para Greg isso se dá durante o Ensino Médio, o que torna mais difícil. É extraordinário saber contar essa história sob um ponto de vista brilhante e irônico. Jesse encontra humanidade e humor nisso".*

## CAPÍTULO 6

# #fronteira
# Voltar para o lado de cá

Tome tempo, aguce o ouvido, ensaie a cena. Esses fragmentos de vida não estão desconectados, há um deus para as crianças que, embriagado, desenha uma trama, deixando pistas ao acaso para uma inútil caça ao tesouro – um enigma que produz outro enigma, um quebra-cabeça que propõe um quebra-cabeça ainda maior. E para cada contato e faísca, o corpo sofre um choque, um tremor: deslumbrantes, insensatos milagres atordoam o músculo-coração (*Il mondo sia lodato*, Franco Marcoaldi).

"Eu morri com ele." Se não dissemos, pelo menos ouvimos isso de uma mulher a respeito de seu falecido marido, de uma mãe sobre um filho perdido, de uma filha que sente a falta de seu pai. Ouvimos isso de um cônjuge abandonado, porque a separação e o divórcio também são uma espécie de luto. A vida parece não fazer mais sentido:

a esperança e o futuro tornam-se palavras fora de propósito. Sentimo-nos mal, ponto. Não somos capazes de notar outras cores da realidade em que vivemos.

Não importa se nos dizem que com o tempo vai passar. Esse relógio não é o mesmo que o nosso. Nossos ponteiros pararam no hospital, no funeral, no tribunal. Sentimos essa morte em nós também. Mesmo que passem dias, meses e anos. Podemos realmente deixar de sentir essa mão fria? É firme em seu aperto e não podemos contê-la.

Vale a pena admitir que, quando um de nossos entes queridos nos deixa para sempre, a morte nos acaricia. Revela-se a fronteira de uma geografia que não estamos acostumados a contemplar. É melhor não mentir para si mesmo e tomar consciência de que um dos nossos pés ultrapassou o limite, pelo menos momentaneamente, porque a tentação de não se separar é realmente forte.

Acontece de ser um pouco da vida e um pouco da morte: uma disputa que lembra a luta de Jacó com Deus durante a noite. Porque podemos nos separar de tudo, mas não do amor de Deus que nos traz de volta à vida. Deus não cede à nossa tentação de morrer em vida. Ele nos visita de formas bizarras, como "um deus para as crianças que, embriagado, desenha uma trama", que aprendemos a reconhecer na ferocidade do luto. Quando as luzes se apagam sobre o trágico acontecimento e a solidão se ilumina

A GRAÇA DE RECOMEÇAR

dramaticamente, são encenadas as palavras de Cristo: "Para onde eu vou, vós não podeis ir" (Jo 13,33).

Jesus nos lembra de que não podemos permitir-nos o desejo de ir aonde ele vai, aonde vai nosso amor de uma vida, o filho que amamos acima de tudo. Devemos ficar aqui para viver, para lidar com nossa dor, mas também para desfrutar de uma vida que ainda não acabou. Cristo nos diz, mais uma vez, que um Deus embriagado de amor pela vida não deixará de atordoar nosso músculo favorito com muitos pequenos milagres diários.

O abraço que não tínhamos levado em conta, o sorriso recebido gratuitamente, o dom de uma ajuda que nos levanta do chão, um jantar com amigos que se desdobra em significados, uma viagem que traz de volta as sensações de esperança, uma paisagem que se oferece como um bálsamo. Até que finalmente nossos pés começam a vacilar e dão alguns passos para trás. Voltam para casa, ao calor de sentimentos e recursos que defendem a hipótese de ainda sentir um pouco de alegria neste mundo.

Os pés que, às vezes, ainda se sentem culpados por voltar atrás, por nos ter entregado à vida, nos falam de Jesus e da saudade de quem nos precede. Para aqueles que vivem e reelaboram o luto, a notícia do "vós não podeis ir" torna-se uma atitude com a qual regulam a falta de quem não existe mais e as ações que o dizem.

Com que ânimo vou ao cemitério, como me relaciono com minhas lembranças, como convivo com os objetos que falam da perda, como me sinto a respeito das escolhas tomadas por quem se foi, como lido com sua herança? Antes de tudo, Jesus deixa livre: lembre-se de que "vós não podeis ir". Se soubermos viver sob essas condições, no restante – como escreve Marcoaldi –, nada é "desconectado".

## Para refletir

- ✦ Morri com você, que não está mais aqui?
- ✦ Sinto que essa tentação me acaricia?
- ✦ Como é estar no limiar da vida após a morte?
- ✦ Que situações acentuam esse meu estado de espírito?
- ✦ Consigo voltar para o lado de cá de vez em quando?
- ✦ Como me sinto no cemitério?
- ✦ Sua sepultura me incomoda?
- ✦ Consigo encarar sua foto na lápide?
- ✦ Quando saio, sinto-me mal por estar acompanhada?
- ✦ O que me espera em casa?
- ✦ É assustador deixar você?

## Os salmos do cinema

Sinto-me como Arthur na floresta da minha dor,
do absurdo.

Pareço estar sonhando.
Toda a vida vivida até agora passa pela minha mente.
Adiante, o vazio.
Não há futuro, mas também não há presente.
A floresta atrai, suga,
afasta da vida.
Os dias de luto estão fora de foco; você se perde
no caminho para casa;
extraviam-se os objetos do cotidiano.
Você não é inteiramente deste mundo.
Você está no limiar e observa o além.
Gostaríamos de acompanhar a esposa
de Arthur para sempre, acompanhar
nossos entes queridos roubados.
Como Arthur, sinto a necessidade de estar em paz
com quem se foi.
De refazer o vínculo desfeito,
de ter mais tempo do que eu tive.
Preciso da reconciliação.
Minha mente oscila entre memórias e arrependimentos,
entre saudades e lamentos.
Como Arthur, sonho com a ideia
de me deixar ir para sempre.
Desvanecer nesse lento calvário e não abrir mais os olhos.
Mas então encontro pessoas que despertam
minha atenção para a vida.

Também encontro meu Takumi que precisa de algo.
Isso desperta a minha capacidade de doar-me.
Os outros me trazem de volta à vida com suas carências.
Gostaria que alguém se aproximasse de mim.
Peço isso sem nenhuma pretensão.
Alguém que não tenha a verdade sobre minha dor.
Alguém que se incline.
Alguém que também confie na minha pobreza.

Arthur é o protagonista de *O mar de árvores* (*The Sea of Trees*), de Gus Van Sant (EUA // 2015 // duração 110').

Depois da morte de sua esposa, Arthur Brennan acaba no outro lado do mundo, no Japão, na espessa e misteriosa floresta de Aokigahara, conhecida como "a floresta dos sonhos". Aí, onde todos buscam a morte, ele encontrará a vida, a força para recuperar sua existência e reconciliar-se com sua esposa falecida.

> *Matthew McConaughey (Arthur):* "Se você pedir que alguém resuma o filme em uma frase, a reação poderá ser: 'Ah, é um filme sobre o suicídio'. Mas não: é um filme que celebra a vida. E, no que me diz respeito, está perfeitamente alinhado à minha filosofia pessoal 'Just Keep Living' [Continue vivendo]. O mar de árvores é uma história

que celebra a vida e deveria provocar a reflexão sobre a própria existência, de uma maneira boa. Ao sair do cinema, os espectadores deveriam pensar sobre aquilo a que se têm dedicado desde o nascimento, a que deveriam dedicar-se pelo resto da vida, o que têm de fazer para perdoar-se. Em certo sentido, O mar de árvores é sobre espiritualidade. Alguns podem pensar que tem algo a ver com Deus. Outros com reencarnação... purgatório em um sentido literal, e assim por diante. Muitos filmes que têm a ver com esses temas podem pesar a mão na tentativa de transmitir uma mensagem. Este filme é simplesmente poético. Ao saírem do cinema, as pessoas acabarão discutindo-o no estacionamento, filosofando e debatendo sobre qual seria o tema do filme, quem era Takumi (Meu espírito? O espírito de Joan? A floresta era um lugar real?). O roteiro é poético e não contém uma moral, mas é elegante e ao mesmo tempo... desagradável. É preciso passar pela aniquilação para obter a salvação. E nós nos aniquilamos. Eu me aniquilei. Por isso, é também uma incrível história de sobrevivência".

## CAPÍTULO 7

# #paciência

# Aprender a ficar de molho

No rio

As flores sorriem / quando você passa pela rua, / mas você nem nota. / Então você se deita na grama molhada / pelo orvalho da madrugada.

Quando a lua cai... Quando você olha para as coisas, / a luz que ilumina seu rosto / me surpreende. Se você se molha no rio, / fica horas vendo as águas do rio passarem.

Como passa a dor... / E eu seguro sua mão / e levo você embora daqui. / Aquelas lágrimas ao sol / encontrarão palavras para dizer. / Vão se transformar em palavras de amor. / Se você se permitir respirar, / uma brisa de verão / que move seu cabelo... Sinta o dia passar / como um dia qualquer / que morre.

Como morre a dor. / E eu seguro sua mão e levo você embora daqui. / Aquelas lágrimas ao sol encontrarão palavras para dizer. / Vão se transformar em palavras de amor (*Maximilian*, Max Gazzé).

Muitas vezes, minha filha em idade pré-escolar me pede um irmãozinho, mas sou viúva já há alguns anos. "Mamãe", ela me diz, "eu queria tanto, tanto, que um bebê saísse de sua barriga". É o desejo dela de uma família que se manifesta por meio da palavra. Nosso dia a dia é feliz – tentamos, obviamente –, mas, ao mesmo tempo, somos incompletas, porque ela sente a falta da figura paterna e não tem irmãozinhos.

A família que chamaríamos convencional não é a experiência que vivenciamos diariamente: ela sente isso e essa diferença aumenta ainda mais a dor da perda. Sentimos sua falta, papai e marido, e também sentimos falta de tudo o que você representava em nosso estar no mundo em sociedade.

Essa dupla trilha de ausência feita de intimidades e afetos, mas também de papéis sociais, é a experiência que conota todo tipo de luto que irrompe e interrompe uma condição que até agora nos havia representado no estar em comunidade com os outros. Por exemplo, aprende-se a cidadania também ao ser pais, ao comprometer-se com o local em que se mora e em fazê-lo por seus filhos, para que tenham futuro. No entanto, se você perde um filho, é normal sentir-se perdido nesse papel de cidadão: falta aquilo que transmitia a beleza de fazer parte de uma comunidade maior. Sente-se a tentação do intimismo, quando a dor quer nos fechar como um ouriço. Retornar à sociedade com um coração machucado não é tão fácil, muito menos ter vontade de fazer isso.

Se nem todos os desejos são possíveis – como o da minha filha agora –, todos os desejos, porém, são bons em sua raiz profunda como narração de nós. Eles nos dizem algo sobre o nosso ser humano. Oferecer cidadania às nossas necessidades, ouvindo-as e admitindo-as, já é uma forma construtiva de comunidade, antes de qualquer coisa. A educação em qualquer idade é, então, aquela jornada incrível, equilibrada entre desejo e possibilidade. Um viúvo com 80 anos de idade certamente terá o direito de desejar um novo elo afetivo, mas com a mesma transparência ele poderá dizer que na sua idade não é certo que isso aconteça. Assim como explico a minha filhinha que não sabemos se a vida presenteará a mamãe com um novo amor do qual poderá nascer um irmãozinho.

Desse vazio entre o desejo e a possibilidade, dia após dia, sofremos também atraídos por aqueles que se foram. De uma vida que se revela apenas na paciência e na graça de tantas coisas novas que não serão apenas nossas expectativas. E passamos esses dias, um depois do outro, observando as águas do rio. Sentando-nos ao lado de sua cama. Encontrando a perfeição da água que nos manteve vivos por nove meses no líquido amniótico. Passamos por isso também e nascemos para uma nova vida, saindo de uma época (uma verdadeira sala) para viver em outra. É a imersão ritual e total que os judeus chamam de *mikvè*: o banho até o último fio de cabelo na piscina, sem interferências artificiais, torna-se um renascimento em seu ser ligado ao ventre da mãe e à criação.

No luto podemos voltar a viver, se estivermos dispostos a ficar por horas, como diz a agridoce canção de Max Gazzé, observando as águas do rio. Ao se tornar um só com ele, porque junto dele o dia passa, a dor passa e nossas palavras voltam a recender o amor. E talvez Deus, o fluxo da existência, não seja então aquele que tira, mas aquele que segura a mão e leva para longe. Com a árdua consciência de que o luto, como o *mikvè*, realmente envolve até o último fio de cabelo.

## Para refletir

- ✦ Eu tenho paciência de sentir dor?
- ✦ O que isso significa para mim?
- ✦ Existe alguma coisa que ajude minha paciência?
- ✦ Encontro paz no cuidar de mim mesmo? De quem? De quê?
- ✦ O tempo da minha dor é muito lento?
- ✦ Quando sinto um empurrão para seguir em frente?
- ✦ Uma progressão na minha capacidade de sentir?

- O que eu sinto então a respeito do mundo mais acelerado ao meu redor?
- Onde minha paciência amadurece?
- Em quais experiências?

## Os salmos do cinema

Julieta perdeu muito.
O marido morreu quando ela
ainda era muito jovem.
A filha de dezoito anos decide não a procurar mais.

A vida nos coloca diante de cenários
que nunca teríamos imaginado.
De sofrimentos indescritíveis aos quais é difícil sobreviver.

Ninguém nos diz como passar por isso.
Alguém nos ensinou a resistir?
Temos que amassar com as mãos.

Julieta não dá paz a si mesma, e eu entendo
seu sentimento.
É difícil estar no vazio e ter paciência.
A paciência não amadurece fingindo
que tudo continua igual.
Nós caímos no engano.

Quanta dor, quando Julieta está sozinha em casa com o bolo de aniversário de sua filha. Julieta é todos nós que não podemos ter nossos entes queridos de volta.
Que não nos damos paz.
Que buscamos a atmosfera de sempre.

Não basta enterrar para começar de novo.
A memória é mais forte que nós.
Há paciência lá.
Lá não se descarta nada.
Julieta entende isso.
Nós tentamos dia após dia.

Julieta é a protagonista do filme *Julieta*, de Pedro Almodóvar (Espanha // 2016 // duração 99').

Julieta e Antía não conseguem lidar com a dor: a morte de Xoan, marido e pai, também rompe o vínculo entre elas e, por anos, não se verão mais. Um evento trágico faz essa separação voltar a ser discutida.

> *O diretor: "Depois de anos sem notícias de sua filha, Julieta destrói todas as recordações materiais e muda de endereço. Ela decide enterrar sua memória, para que nenhum objeto ou lugar possa lembrá-la de Antía. Como todas as grandes*

cidades, Madri é composta de vários subúrbios. Julieta sai em busca de uma área onde sua filha nunca pôs os pés, pobre e sem incentivos, longe do centro onde moravam juntas. Aluga um apartamento impessoal com paredes pintadas de branco, sem objetos de decoração ou quadros. O branco silencioso e austero reflete o vazio. O branco do interior também demonstra meu desejo de contenção. Estou muito contido na encenação, na austeridade dos personagens secundários. Ninguém canta as músicas. Também não adicionei sequências de outros filmes para explicar os personagens. Não há vestígios de humor, ou mistura de gêneros, pelo menos eu acho. Desde o começo eu tinha em mente o filme Julieta como um drama, não um melodrama, um gênero ao qual me dedico. Um drama difícil, envolto em uma aura de mistério: alguém à procura de uma pessoa que não sabe por que se foi, uma pessoa com quem viveu a vida toda desaparece sem dizer uma palavra. Você não consegue entender. Acontece, é da nossa natureza, mas é incompreensível e inaceitável. Para não falar da dor que causa".

## CAPÍTULO 8

# #solidão

# Admitir e satisfazer a necessidade

A solidão é uma condição psicológica e humana na qual nos separamos temporariamente do mundo das pessoas e das coisas, das ocupações cotidianas, para reentrar em nós mesmos: em nossa interioridade e em nossa imaginação; e isso sem nunca perder o desejo e o anseio pelos relacionamentos com os outros, com as pessoas que estão perto de nós, e com as tarefas que a vida nos determina. Claro, pode-se sentir, e estar só, não apenas no deserto, mas também em uma grande multidão. Ao contrário, o isolamento é uma condição psicológica e social na qual a pessoa se fecha e às vezes quase se aprisiona em si mesma; seja porque quer se afastar de qualquer contato com os outros, seja porque a doença a induz a isso, seja porque são os outros que se afastam dela. Existe, portanto, um isolamento imposto e não desejado, doloroso e nostálgico, um isolamento social, e existe um isolamento que se escolhe e se manifesta pela própria indiferença, pelo próprio egoísmo, pela própria aridez do coração (*Parlarsi*, EUGENIO BORGNA).

Quem passa pelo luto em sua vida aprende que em algumas festividades nos escondemos subitamente nas trincheiras. A alma, que estava reencontrando sua força, sente-se novamente na batalha, improvisamente exposta a uma dor indescritível. Acontece pelo menos três vezes por ano: no Natal, na Páscoa e no início das férias. Poderíamos acrescentar as bodas e os aniversários, não só os dos que se foram, mas também os próprios, porque ainda não temos vontade de festejar ou porque isso evidencia a ausência de nossos entes queridos.

É preciso admitir que o Natal, com sua aura de perfeição ditada, acima de tudo, por necessidades comerciais, está realmente no mais alto grau do pódio do risco de tristeza por aqueles a quem a vida tirou. Mesmo se, em termos religiosos, o Natal se refira a sonhar com a mais verdadeira luz para nossas vidas, obviamente sabemos que, para aqueles que vivem as cores escuras do luto, palavras tão repletas de fé e esperança só podem resultar em muitas letras flutuantes, incapazes de afetar um contexto existencial ainda muito abatido. Saber admitir já é muito: tanto para quem diz as palavras como para quem as recebe. É passar, sem cinismo, da tentação do isolamento à oportunidade da solidão.

A GRAÇA DE RECOMEÇAR

Você pode estar em uma maravilhosa ceia de Natal com parentes e amigos e sentir-se a pessoa mais isolada do mundo, aprisionada no sofrimento da perda. Uma festividade como essa pode ser muito difícil para nós que passamos pelo luto, e nos faria bem, pelo menos agora, ignorá-la? Ou é justamente a hora de participar, porque nos ajuda a sair da casca? Quem pode dizer? A pessoa pode dizer a si mesma e aos outros, sem medo de desapontar ninguém e com a força da verdade que Jesus nos ensinou.

Viver o luto nos ensina a não deixar os outros decidirem e nos torna irremediavelmente adultos. Tentar distinguir uma fuga egoísta de uma solidão benéfica e planejada, um isolamento com odor de doença de uma escolha que se abre a um espaço mais humano para si mesmo, são oportunidades para cada um encontrar o caminho para a gruta. Cada um vai a Belém do seu jeito, sabendo que cada jumentinho também é frágil e são todos diferentes. Para todos, no entanto, há um cantinho no qual se aninhar e deixar-se aquecer pela luz da manjedoura.

Pessoalmente, eu me sentia na presença do mistério do Natal com os outros pastores, às vezes, permanecendo na mesa da festa, mesmo que isso fosse difícil, às vezes preferindo "trair" aquela ceia (no sentido literal da sua etimologia de *entregá-la em mãos alheias*), escutando-me profundamente. Escolhi uma pequena viagem com minha filha para respirar, não chorar de novo, não pensar na ausência e conseguir dizer festivamente: "Aleluia, o Menino Jesus nasceu para nós também". Uma solidão pequena e saudável, naquele momento, nos salvou e deu espaço também à nossa fé. Outras vezes, a companhia real da festa era o melhor bálsamo.

São os pequenos e grandes discernimentos do luto.

## Para refletir

- Onde me sinto aprisionada?
- Com quem eu me sinto afundar?
- Onde eu quero chorar mais?
- Posso trair ao menos temporariamente essas situações?
- As pessoas que as representam?
- Consigo lidar com a decepção que posso causar-lhes?
- É outra dor insuportável para mim?
- Ou sinto coragem de fazer isso para meu próprio bem?
- Com quem me sinto renascer?
- Consigo favorecer os relacionamentos regeneradores?
- Consigo fugir quando não aguento mais?
- Onde sinto que a vida recomeça?
- Onde acho prazer?

## Os salmos do cinema

Um dia deve ir.
Augusta sente isso. Eu também sinto.
Sentem aqueles que não têm mais paredes de contenção.
Nada mais nos detém aqui.
Para quem ficar?

Augusta escolhe a viagem. Deixa a mãe.
Enfrenta o vazio para ainda buscar plenitude.
A devastação interna sufoca cada panorama
em mim também.

Sinto necessidade de uma nova paisagem humana.
Novos olhares sobre minha dor, sobre o significado
da minha existência, sobre meu relacionamento
com Deus.

Eu não quero mais (D)eu(s).
Onde você está, Criador?
A tristeza me sufoca.

Minhas lágrimas caem assim como as de Augusta,
à noite, no barco.
Sinto-me nua diante da imensidão do mistério da vida.
Quero tocar as pessoas capazes
de me fazer sentir no mundo.

Augusta é a protagonista de *Chegará o dia* (*Un giorno devi andare*), di Giorgio Diritti (Itália, França // 2013 // duração 110').

Augusta não consegue ter filhos. Sua vida desmorona porque seu companheiro a abandona por isso também. Só lhe resta partir para recomeçar, para encontrar um lugar onde consiga superar o tormento, recuperar o sentido da vida. No Brasil, Irmã Franca e muitos outros moradores locais a levarão a refletir sobre sua vida. A pesquisa é longa.

> *O diretor: "Anos atrás dirigi alguns trabalhos para a televisão e um documentário na Amazônia. A experiência foi muito envolvente: pela beleza espetacular da natureza, pela dilatação do tempo, pela simplicidade e gentileza das pessoas em um cenário que naturalmente leva a perceber a força primordial da vida, a questionar o papel do homem e investigar o sentido de um 'além' da própria existência, permeado por algo que é 'outro', transcendente, tão presente quanto impalpável. Durante aquela viagem, tive muitos encontros com europeus que decidiram viver naquele lugar. Entre as muitas figuras, fiquei intrigado ao ouvir meus interlocutores, frequentemente, mencionarem um italiano, Augusto Gianola, missionário do PIME, que viveu naquela região por mais de trinta anos. Um homem em busca de Deus, um*

*sacerdote que se despiu de seu papel pastoral para dedicar-se a um compartilhar humano com as pessoas mais simples e humildes. Sua biografia, suas cartas e a experiência direta de encontro com a população da Amazônia são o incipit deste projeto cinematográfico. Nesse ambiente, onde o tempo se dilata, onde a natureza desperta fortemente o sentimento de precariedade da condição humana em relação à vastidão do universo, a reflexão sobre quem somos, de onde viemos e o que fazemos na terra torna-se naturalmente parte da vida cotidiana, sobretudo nos longos deslocamentos pelo rio, onde a suspensão na água se torna semelhante à suspensão do pensamento. A contradição com o Ocidente, com nosso conceito dominante de felicidade, é forte: conquistamos muito, de certa maneira temos – possuímos – tudo, mas não necessariamente estamos satisfeitos e sabemos compartilhar com os outros não só a cotidianidade mas também a nossa interioridade, muitas vezes sujeita a ritmos de vida não naturais, em que o exterior é fortemente intrusivo. E a crise econômico-social de hoje nos obriga a perceber que muitos esquemas são ignorados, que muitas certezas provaram ser efêmeras. Eu também estava interessado em investigar o contexto em que a história de uma única pessoa – no momento em que ela enfrenta uma crise íntima – pode realmente se tornar uma oportunidade de questionamento e pesquisa, ainda que dolorosa, de uma nova possibilidade de vida, que tem mais a ver consigo e, portanto, é mais autêntica. E, nesse sentido, a história de um é, na realidade, a vivência humana de todos, é universal".*

**CAPÍTULO 9**

# #sentido

# Estar presente para si mesmo

É como um grande caleidoscópio, em que cada dia vejo uma faceta diferente. Neste momento, constato que o pior período é a manhã, quando acabo de acordar. Percebo que o começo do dia e a retomada das funções vitais ativam as várias consciências. Entre elas há uma que tem despertado nas últimas manhãs uma espécie de indicador de falha motora: falta uma peça. Falta. Falta. Falta. Mas o pior é que não há mudança. A consciência desta manhã é a tortura indizível vivida pelos dois cônjuges. No momento em que a certeza do fim se materializou na vida deles. O pensamento dos dias vividos com essa certeza me despedaça (*Um amigo*, MASSIMO C).

Esta é a narrativa excruciante de um filho adulto alguns dias após a morte da mãe. Dois anos de doença e depois a chegada do fim, com a vinda da inevitável consciência sobre o calvário vivido pela mãe e pelo cônjuge que a acompanhou até a morte.

Como filho, guarda a tímida, mas não menos problemática, dúvida de não ter sido presente o bastante, de ter colocado as necessidades pessoais da família e do trabalho à frente dos cuidados da mãe. O vazio irreparável que o esmaga nos dias que se seguem ao funeral tolda todo raio de sol. É a verdade da morte que nos investe quando tudo silencia, quando a cortina cai e todos retornam ao seu cotidiano.

Depois de sermos tocados pela morte de um ente querido, não somos mais os mesmos; as ações imprescindíveis de todos os dias, que pareciam questões de vida ou morte, de repente se tornam apenas "coisas a fazer", mas que não determinam *a priori* nossa serenidade ou tristeza. Porque aquela indicação de falha motora também corresponde a uma sabedoria igualmente irremediável. Ninguém poderá fazer nada a esse respeito. Ao perder aqueles que nos são mais queridos, aprendemos o profundo significado da vida, também feito de fronteiras e limites que iluminam o ritmo de cada dia. É um olhar para o mundo que não nos permite mais adiar a nossa vida, composta de relacionamentos, escolhas e experiências. Não somos escravos do presente, mas sentimos que nele há uma dignidade que não podemos atropelar ou fingir que não existe. O vínculo vivenciado por dois cônjuges unidos nessa anormal dor

A GRAÇA DE RECOMEÇAR

física e emocional é, para quem fica, um quadro no qual se espelhar e recuperar o ímpeto nos afetos que continuam.

É aí que a ausência não leva a melhor e prevalece nosso desejo de viver, sabendo gerar desejo de estar presente e amar aquilo que a existência nos apresenta dia após dia. A tortura de quem se separa do mundo para sempre para se abrir para outra vida – a quem a fé chamaria de eterna – é também uma graça para aqueles que permanecem, sem vergonha, felizmente incapazes de terceirizar as dimensões mais autênticas de si mesmo, de sua família, de seus valores.

É também a morte que dá efetividade aos nossos entendimentos, mesmo se a sociedade contemporânea progressivamente nos afastou dessa ideia, levando-nos a uma incrível amnésia sobre como funciona nosso ser no mundo. O objetivo do bem-estar econômico, feito de metas e profissões gratificantes a qualquer custo, nos alienou da nutrição das características mais básicas da experiência humana. Podemos fazer tudo, mas não sabemos como atravessar as funções da vida com humilde solidez: nascer e morrer. É como se, de repente, nos encontrássemos despreparados e cheios de medo, ou quase distraídos, de envolver nossos filhos no aroma da dor, da doença, do fim.

No entanto, as crianças nos lembram de que somos tudo para elas, somos a fresta através da qual podem conhecer a vida. É o que contam os versos a seguir, também inéditos, sussurrados no ouvido por minha filha.

*Mamãe bercinho.*
*Mamãe aquecedor.*
*Mamãe travesseirinho.*
*Mamãe todo mundo.*
*Mamãe só coisas boas.*
*Mamãe toda minha.*

Todas as manhãs, assim que meu amigo desperta – e a todos nós que sofremos pelo luto –, falta esse amor ilimitado e incondicional que tudo pode e que toda mãe sabe trazer ao mundo. É maravilhoso que seja justamente um homem que sinta falta disso, que é mais do que a ausência. Que a poesia dos pequeninos seja para ele e para todos nós um renovado consolo e desejo.

## Para refletir

- Como me sinto de manhã?
- Que pensamento abre meus olhos?
- Tenho algum arrependimento?
- O que entendi sobre a morte que não conhecia antes?
- O que não podia imaginar sobre a vida antes do luto?
- O que essa nova consciência acrescenta a minha existência?
- Sei voltar à vida com um sentido profundamente renovado?

## Os salmos do cinema

Acontece de encontrar-se engolido como Margherita.
De estar em dois sapatos sem encontrar o significado.
Próximo ao fim, o resto da vida esvanece.
Tudo se torna vaidade como o filme de Margherita.

Não encontra os recursos dentro de si para concluí-lo.
Para amá-lo.
Gostaria de estar em outro lugar.
E quando está com sua mãe, gostaria de voltar para sua vida.

Estamos despreparados para a vida, para a morte.
Para a vida na qual a morte bate.
Para a ciranda do último suspiro.
Nós estávamos lá.
Nós queríamos estar lá.
Não havia sido dada a possibilidade.
A vida tem muitos caminhos.
Eu só peço para não desperdiçá-la.
Para respirar profundamente.
Para poder ficar junto da passagem.

Margherita é a protagonista de *Minha mãe* (*Mia Madre*), de Nanni Moretti (Itália, França, Alemanha // 2015 // duração 106').

Uma conhecida cineasta está prestes a terminar seu filme político. Em meio às filmagens, sua mãe está morrendo lentamente no hospital, sendo assistida por Giovanni, irmão de Margherita.

*O diretor: "Em casa, tenho mais de uma mesa de trabalho e, durante os períodos de muito serviço, durante as filmagens, os objetos se acumulam. Quando terminei de filmar Minha mãe, percebi que os filmes e livros que eu tinha imaginado ter de re-ler ou revisar – porque eles tinham a ver com dor, perda e morte – não tive tempo de fazê-lo. E foi um grande alívio perceber que não era mais necessá-rio. Eu revi A outra, de Woody Allen, mas não o filme de Haneke, Amor, que estava sobre a mesa. E, sobretudo, eu não li Roland Barthes. Depois da morte de minha mãe, uma amiga me deu Diário de luto, que Barthes escreveu durante a doença de sua mãe. Essa amiga me contou que havia fei-to muito bem a ela. Abri numa página aleatória, li duas linhas, que me fizeram sentir muito mal, e fechei. No final das filmagens, peguei-o da mesa e o coloquei na estante de livros. Felizmente, eu não precisava mais mergulhar na dor".*[1]

---

[1] Entrevista disponível em: <www.minimaetmoralia.it>.

# CAPÍTULO 10

# #objetos

# Não se enterre num museu

Você perceberá que a despedida de um ente querido é realmente definitiva quando for arrumar o quarto dele e tiver que pensar sobre o que fazer com as roupas e com todos os objetos que o rodeavam ao longo dos anos, objetos que lembram eventos vividos juntos. Muitos tentam postergar essa despedida definitiva o maior tempo possível. É muito ruim ter de se desfazer de todas essas coisas às quais o falecido era tão afeiçoado. É bom guardar alguma coisa como lembrança. Mas você não pode fazer um museu com tudo que ele deixou. Em vez de viver a própria vida, você passaria o restante dela cuidando do museu. E certamente não é o que ele gostaria. Mesmo se você tiver fé de voltar a vê-lo novamente no céu, o adeus aqui na terra ainda é definitivo. Você não pode devolver a vida à pessoa amada. E também não pode continuar vivendo no passado. A despedida vai abrir-lhe os olhos, permitindo-lhe assumir o desafio do momento presente e viver sua própria vida. E lhe dará a sensibilidade de entender o que essa pessoa ia querer de você hoje e quais tarefas lhe foram confiadas. E assim será capaz de viver como ela quiser, se tiver a coragem de ser você mesmo (*Até nos revermos no céu*, Anselm Grün).

Alguns dias tinham se passado desde sua morte. Ainda havia muitas pessoas andando pela casa. No começo você não fica tão sozinho, mas foi tempo suficiente para eu arrumar suas roupas e outras coisas pessoais. Camisetas, cintos, calças, jaquetas, malhas de lã e muito mais: cada peça era uma fotografia de momentos vividos juntos.

O cheiro dele sobrevivia em algumas roupas. Não o perfume, mas com muito mais frequência aquele odor que é diferente em cada um de nós. Guarde um suéter grande para você: será bom para as noites frias, mas também para a meia estação, porque seu coração não é mais confiável. Do resto, é melhor se desfazer, caso contrário, você arrisca sufocar-se nas emoções que são absorvidas pelo tecido e se tornam fantasmas. E, assim, fiz muitos pacotes pequenos.

A cada amigo, e até mesmo a padres, destinei algumas peças de roupa. Sempre fui da opinião de que devemos dividir a alegria, mas também a dor, e que no meio dessas duas dimensões está o caminho da memória, da lembrança que traz a vida de volta. Algumas pessoas

A GRAÇA DE RECOMEÇAR

ficaram surpresas por eu haver destinado a elas alguma coisa. Nesse sentimento de surpresa, percebi a respiração generativa que acompanha a escolha de um caminho em vez de outro.

Nesses três anos, vivi pensando que fosse natural desfazer-me das coisas dele com um ritmo quase melódico. Eu estava errada. Cada um de nós, porém, muitas vezes escapa da "regra" recomendada — são sábias as palavras de Grün — para moldar o cotidiano da melhor maneira possível. Percebi isso convivendo com um homem que perdeu sua parceira e que, três anos depois, apesar de já se ter desfeito de algumas coisas, ainda mantinha todos os itens pessoais dela: vestidos, casacos, sapatos, sutiãs, lenços, colares, maquiagens, esmaltes, grampos de cabelo e também os muitos lençóis, nos quais cuidou dela com dedicação, sacrifício e amor durante a terrível doença.

"Por que você ainda guarda tudo isso?" É a pergunta à qual ele responde com aparentes razões práticas. No entanto, sabemos que, se queremos, encontramos tempo para organizar tudo, mas afastar-se do amor é difícil, mesmo para os homens, que geralmente se destacam por ter um senso prático mais evidente do que o feminino. Na verdade, devemos admitir que forçamos nossos entes queridos a nos seguirem na terra, quando seria o caso de nos acompanharem do céu. É uma forte tentação e, ao escutar esse homem, percebi que é fácil deixar-se levar pelo doce risco de se criar um museu.

Juntos, conseguimos juntar os pertences dela, decidir o que fazer e lembrar de muitos momentos entremeados nos objetos. É estranho para mim fazer isso junto de outra pessoa. Contudo, se eu abolir o julgamento e as comparações, considero difícil a separação e quanto uma ajuda, acompanhada de misericórdia, pode iluminar o caminho para sair do labirinto do museu.

## Para refletir

+ O que eu fiz com as coisas dele?
+ Eu adiei sem perceber?
+ Eu me dediquei à questão?
+ Eu queria libertar-me ou ficar ainda um tempo na companhia dele?
+ Eu precisei chorar entre os objetos mais queridos dele?
+ Estou feliz com o modo como organizei esses objetos?
+ Pensei que outros ficariam felizes em ter algo da vida dele?
+ Senti necessidade de me deixar ajudar?
+ Ainda me lembro desses momentos de reorganização?
+ Guardei para mim um objeto com o qual possa tocar a essência da vida dele?

## Os salmos do cinema

Quebrou-se o encanto da vida.
A morte nos leva à superfície.
Restos e detritos de nossos relacionamentos vêm à tona.
O amor permanece.
Mas, às vezes, como Davis, percebemos
não ter amado o suficiente.
Não ter conhecido realmente quem nos deixou.
Procuramos sinais entre as memórias.
Às vezes, não é suficiente.
Dá vontade de enterrá-los. Objetos contundentes.
De suprimi-los. De demoli-los. De tirá-los da frente.
Há raiva em mim. Em Davis.
Procuramos alguém que nos ajude a expressá-la.
A transformá-la em energia.
Somos escombros.
Prontos a reconstruirmo-nos.

Davis é o protagonista de *Demolição* (*Demolition*), de Jean-Marc Vallée (EUA // 2015 // duração 100').

Davis perde a esposa repentinamente. Trabalho, lar, relacionamentos não fazem mais sentido. Para alcançar um novo propósito, terá de passar por uma fase de demolição de toda certeza.

> *Jake Gyllenhaal (Davis): "Ele é um homem que sempre seguiu as regras: 'Nesta idade, o certo é se casar. Neste momento eu deveria ganhar muito dinheiro'. Ele está seguindo um caminho que disseram ser o caminho certo e, sob muitos pontos de vista, foi bem-sucedido: ganhou muito dinheiro e alcançou tudo o que se consegue com ele, o que é sinônimo de sucesso. Ainda assim, falta-lhe a riqueza da vida real. Acredito que essa tragédia lhe abre possibilidades, mostra o que a vida tem para oferecer. E, consequentemente, sai em busca do que considera certo para si mesmo, na tentativa de se encontrar".*

## CAPÍTULO 11

# #recordações

# Viver a vertigem da memória

Há memórias muito difíceis, que ocupam toda a mente, e logo encontram o caminho para chegar à garganta; e se, a princípio, simplesmente não conseguíamos mais pensar, pouco a pouco também deixamos de respirar. É o amor que não existe mais, que partiu ou escapou, completamente desaparecido. Tão desaparecido que talvez nunca tenha existido, e a dúvida é pior que a dor. E o remorso por não ter dito o que sentíamos, no tempo que se deixava contar com os minutos e os segundos, quando os dias tinham quase a mesma duração. Agora, este ir e vir entre os aposentos, em que tudo é memória que corta a alma, restitui um tempo tão indiferente ao nosso ilimitado mal que nos perguntamos de que mármore é feito. E já era noite quando compreendemos que o dia passara sem que o tivéssemos vivido e nunca mais haverá o alegre alívio pelos ruídos que o trazem de volta para casa; amor dessa vez roubado ainda jovem, indecente subtração de nossos cuidados, depois de tê-lo gerado. Outro recordar que não se pode nem mesmo tocar. Ainda assim, mesmo sozinho, no silêncio oferecido à escuta eterna divina, de um de nossos lugares de luz chega, vem um ser grato, por aquilo que teve e conosco permanece (*Ma come tu resisti, vita*, MARIAPIA VELADIANO).

De nossos lugares de "luz chega" – bela definição de Mariapia Veladiano –, às vezes, sem aviso prévio. Acontece com muita frequência onde não acreditaríamos ou nunca imaginávamos. A mim aconteceu de perceber esse sentimento de gratidão, contado pela escritora de Vicenza, ao sair para uma viagem ao exterior. Era a primeira vez que faria um voo tão longo. Desde que meu marido se foi, quando faço uma viagem distante ou longa, costumo enviar uma mensagem coletiva aos meus amigos mais íntimos para dizer-lhes que estou de partida e o estado de ânimo que me acompanha durante a jornada. É meu modo de pertencer a alguém sem abdicar de uma solidão compulsória em consequência de sua morte. Nós nos mantemos vivos com relacionamentos verticais e horizontais.

Também fiz isso no caso da viagem para os Estados Unidos, mas com uma pequena novidade. Adicionei uma espécie de abordagem lúdica. De fato, algumas pessoas queridas haviam me pedido lembrancinhas específicas do lugar em que eu estava prestes a chegar. Então, volto a pensar nele também, que já não está mais comigo, sobre o que ele iria querer dessa viagem. Assim são as recordações. Elas também se projetam no futuro que não pertence a quem se foi. Habitada por essa pergunta, equilibrada entre a nostalgia e a curiosidade, no embarque no aeroporto, escrevi uma mensagem para um pequeno grupo de amigos, dizendo-lhes: "O que será que meu marido iria querer de Nova York?". Alguns imediatamente me responderam ao amanhecer, com um monte de ideias que eu nem imaginava. Cada ideia reconstruía sua identidade como um mosaico.

Compreender que uma pessoa pertence a muitos, e a morte a revela sempre, controlou bastante a dor nesses anos desde sua morte. Depois de uma conversa com uma doce senhora que acabara de conhecer em uma cabana na montanha, minha filha demonstrou uma saudade infinita do pai. Nesses casos, como um ritual, uma ladainha de controle, cito uma lista inteira de pessoas que sentem a falta do pai dela. Tenho certeza de que faz falta a todos eles, e essa subtração é uma energia espiritual. Ela se acalma e retoma sua vida feliz.

Nosso desejo continua sendo sempre o de compartilhar o peso maravilhoso que a vida nos confia. O de não se sentir sozinho no mundo, mesmo no recordar e na saudade irreprimível. A vida continua fazendo memória, que é muito diferente do tão almejado esquecer.

Fazer memória é libertador, deixa espaço para as coisas novas que cada dia proporciona. A dor é conduzida em direção a geografias menos sufocantes. Nós nos abrimos para o novo com tudo o que aconteceu. Somos mantidos juntos como pessoas. Enquanto isso, recordamos também de nossa identidade, tão frágil e efêmera.

## Para refletir

+ Que ligação tenho com as recordações?
+ Elas, repentinamente, me tiram o fôlego?
+ Elas me dão coragem para seguir adiante?
+ Em que momento percebi ter feito memória de quem se foi?
+ Eu me sinto sozinha por manter a memória dele viva?
+ Como envolvo as outras pessoas que o queriam bem?
+ Quais são meus sentimentos, quando tento recordar?

## Os salmos do cinema

Nunca é tarde para fazer memória.
Eu aprendo isso com Ermanno Olmi,
que sente necessidade de ficar de joelhos.
Tento segui-lo em sua aventura.

Os campos voltarão à minha vida?
Ao meu jardim tão pisoteado?

Também estou numa trincheira.
Mesmo que os anos passem,
você nunca se acostuma com as recordações.

Cem anos não são suficientes para não dizer mais nada.
Se a ferida estiver aberta,
é preciso parar e olhar para trás.
Encarar os rostos: imaginá-los
a partir dos nomes dos soldados.

Você também. Meu soldado que se foi.
Toda existência é uma pequena guerra.
Sair do útero é a primeira lágrima.
E finalmente retornar às entranhas da origem.

Peço para olhar seu rosto, de você que não está mais aqui.
De ter a coragem de lembrar.
Aquilo que liberta. Que devolve a dignidade.

Os soldados são os protagonistas de *Os campos voltarão* (*Torneranno i prati*), de Ermanno Olmi (Itália // 2014 // duração 80').

Uma noite de 1917. A hora da morte de tantos soldados literalmente enviados para o fronte nordeste da Grande Guerra.

*O diretor: "1914-2014. Cem anos desde o começo da Primeira Guerra Mundial. Cem anos de história que se distanciam cada vez mais no passado, enquanto o rio do tempo avança sob as pontes do progresso que inexoravelmente desvanecem todas as outras memórias. No entanto, existem momentos em que uma data no calendário, uma manchete de jornal, uma fotografia, sacode lembranças adormecidas que chamam umas às outras, irrompem em nosso tempo como protagonistas e, com razão, exigem ser reconhecidas e ressarcidas do valor pago em nosso favor: para começar, a vida. Meu pai tinha 19 anos quando foi chamado às armas. Nessa idade, a exaltação do heroísmo inflama a mente e o coração, especialmente dos mais jovens. Ele escolheu alistar-se nos atiradores, batalhões de assalto, e acabou no massacre do Carso e Piave, que marcou sua juventude e o resto de sua vida. Eu era uma criança quando ele contava a mim e ao meu irmão mais velho sobre a dor da guerra, os momentos terríveis à espera da ordem de partir para o ataque, sabendo que a morte está ali, aguardando por você ao lado da trincheira. Lembrava-se de seus companheiros e mais de uma vez eu o vi chorar. Não sobrou ninguém daqueles que vivenciaram a Primeira Guerra Mundial e ninguém mais pode testemunhar com sua própria voz toda a dor daquela carnificina. Permanecem os escritos: os dos escritores e os dos mais humildes, nos quais a verdade não tem contornos retóricos. Para meu pai, que, quando eu era criança, me contava sobre a guerra em que ele havia sido soldado".*

## CAPÍTULO 12

# #refúgio

# Para onde vão nossos entes queridos

Um refúgio é um lugar que faz você se sentir seguro, onde nada de ruim pode lhe acontecer. Todas as dores são consoladas e os erros, perdoados. Não há mais medo, porque existe alguém que o protege. Um refúgio é um abrigo contra as dificuldades e um espaço para se reencontrar. É o tempo para recuperar as forças e o lugar onde guardar as malas. Um refúgio é um jardim secreto onde renascer e continuar a crescer (*Rifugi*, Emmanuelle Houdart).

Costumo reler com frequência certo livro para minha filha. Ele fala de útero, berço, braços, anjos da guarda e laços afetivos e amorosos que podem curar nossa vida passo a passo. No entanto, toda vez não consigo deixar de pensar que aquelas palavras também poderiam ser usadas para falar da morte ou do que imaginamos e desejamos dela. O refúgio é um espaço onde podemos nos isolar e nos manter seguros. Por que, então, as palavras da ilustradora suíça Houdart não falam também sobre o falecimento?

Independentemente da duração de nossa vida, chega o tempo de sermos acolhidos por braços solenes que nos manterão aquecidos pela consolação sem-fim e misericórdia eterna. Chegará o tempo de uma doença, da velhice, em que talvez tenhamos a capacidade de pensar neles por nós mesmos, de desejá-los como cumprimento de nossa existência. Enquanto isso, podemos experimentá-los na ausência de outras pessoas, nossos bem-amados, a quem queríamos tão bem e que transformaram nossa vida em um refúgio.

Tantas noites perguntamos aos nossos bem-amados onde eles estão. Onde, no universo, havia se escondido a respiração deles. Onde sua alma estava presa como refém. Quanto mais o tempo passa, mais nossas perguntas se transformam em um desejo, em uma bênção que exige a força de permanecer em sua ausência. Desejamos que nada possa prejudicá-los no refúgio eterno, nada mais possa acontecer com eles.

Igualmente maravilhosa é a esperança de que, finalmente, todo erro, sempre difícil de perdoar com nossa humanidade, encontre uma compreensão que traga paz também ao nosso coração. Com o tempo, tudo se torna mais esvanecido, as cores fortes dos equívocos se tornam uma aquarela calma: reler relacionamentos com a distância correta nos dá a possibilidade de perdoar mesmo depois da morte. Conforta-nos a consciência de que o Criador também cuidará de qualquer imperfeição do nosso amado companheiro, filho, irmão.

Dá vontade de fechar os olhos, de tentar lembrar o rosto deles, ouvir a voz deles, memorizar os passos deles. E não menos de vê-los chegar a essa eternidade do bem, um panorama inteiro para eles, enquanto apoiam as malas de uma vida.

Lá poderemos estar diante de nós mesmos, como nunca antes pudemos. O espelho da hospedaria do céu nos dirá que amamos, que procuramos o sentido do que não entendíamos, que também quebramos e não apenas construímos; porém, nos será dito com a ternura de quem nos criou.

O jardim secreto da nossa interioridade finalmente encontrará a floração que nem sempre conseguimos cultivar na vida. Assim como nossos entes queridos, que nos precedem nesse esplendor. Estas são as palavras que costumamos ouvir nos funerais, mas podem parecer justamente muito difíceis. Nesses momentos ainda estamos perto demais daquele caixão insuportável, daquele corpo que não respira mais. Tudo é silencioso. No entanto, nos meses e nos anos seguintes, elas podem revelar aromas de significado que, naquele dia, compreensivelmente, achamos difícil apreciar ao máximo.

O rito nos antecipa a grandeza de uma serenidade que, no entanto, na dor é administrada pouco a pouco para seguir seu caminho. O indescritível esforço do desapego é tingido no tempo com a doçura do vínculo que o imperecível enfrenta em novas arquiteturas afetivas. O Criador do mundo nos acompanha para entender os novos espaços, para repintar periodicamente as paredes do refúgio.

## Para refletir

- Como imagina a vida daqueles que não estão mais com você?
- Como me sinto diante desses pensamentos?
- Sinto que são pensamentos bobos?
- Sinto que são pensamentos desorientadores demais?
- Em que refúgio eu guardo algo de sua pessoa?
- Sua morte me fez pensar também na minha?
- Como me sinto no universo?
- O que sinto quando olho para o céu?
- Você se sente mais presente a si mesmo, apesar da dor lancinante?

## Os salmos do cinema

Nós entendemos o nascimento quando vivemos a morte.
É a cruz de toda alegria, como diz Irmã Maria a Mathilde.
Quando mais cedo ou mais tarde o pai solta a nossa mão.
Deixa-nos na escuridão.
Ali começa nossa fé. A minha.
Nossa crença teimosa na vida.
O fragmento do amor, do absurdo guardar.

Irmã Maria não sabe para onde vão parar
as muitas crianças que passam o inverno no convento.
A regra sobreviveu à vida.
As crianças não fazem mais "gugu dadá".
Onde estão no universo?
Algumas irmãs de clausura não aguentam a pergunta.
A pergunta que também abala a mim,
que procuro meu amor.
A pergunta que sacode tantas amigas que não olharam
seus filhos no rosto.
Que não os mantiveram junto ao peito.
Peço paz da vertigem das perguntas.
Peço refúgio para os meus entes queridos.
Peço ao Criador a eterna hospitalidade.

Mathilde é a protagonista de *Agnus Dei*, de Anne Fontaine (França, Polônia // 2016 // duração 115').

Polônia, 1945. Mathilde, uma jovem médica da Cruz Vermelha Francesa, está em uma missão para ajudar os sobreviventes da Segunda Guerra Mundial. Inesperadamente, é procurada por Irmã Maria, de um convento ferido e fecundo.

*Philippe Maynial, sobrinho de Madeleine Pauliac, a médica que realmente viveu a história: "Quando tinha 27 anos, Madeleine Pauliac, a médica de um hospital de Paris, se juntou ao movimento de resistência, fornecendo material e apoio para os paraquedistas aliados. Em seguida, participou da libertação de Paris e das campanhas militares de Vosges e Alsácia. No início de 1945, como oficial médica das Forças Francesas do Interior, partiu para Moscou sob as ordens do General Catroux, o embaixador francês em Moscou, para liderar a missão de repatriação francesa. A situação na Polônia era dramática. Varsóvia, uma cidade destruída após dois meses de insurreições contra a ocupação da Alemanha (entre agosto e outubro de 1944), foi literalmente incendiada. Vinte mil combatentes e 180 mil civis morreram. Durante esse período, o exército russo, presente na Polônia desde janeiro de 1944 sob as ordens de Stalin, permaneceu armado e esperando do outro lado do rio Vístula. Depois de um novo ataque do exército alemão e da descoberta de todos os atos de violência*

A GRAÇA DE RECOMEÇAR

*cometidos pelos alemães, o Exército Vermelho e sua administração interina assumiram o controle dos territórios libertados. É nesse contexto que Madeleine Pauliac foi nomeada, em abril de 1945, chefe do hospital francês de Varsóvia, que se encontrava reduzido a ruínas. Madeleine era encarregada das atividades de repatriamento da Cruz Vermelha Francesa. Ela comandou sua missão em toda a Polônia e em parte da União Soviética. Realizou mais de duzentas missões com a Unidade do Esquadrão Azul dos motoristas de ambulância da Cruz Vermelha, que tinham como objetivo buscar, tratar e repatriar os soldados franceses que permaneciam na Polônia. Foi nessas circunstâncias que ela descobriu o horror nas maternidades, onde os russos haviam estuprado as mulheres que acabavam de dar à luz e as que estavam em trabalho de parto; estupro era a ordem do dia, e houve até estupro coletivo nos conventos. Ela foi responsável por fornecer ajuda médica a essas mulheres. Ela as ajudou a aliviar a consciência e a salvar o convento. Madeleine Pauliac morreu acidentalmente em uma missão perto de Varsóvia em fevereiro de 1946.*

*Agnus Dei conta um episódio de sua vida: uma mulher que luta para salvar outras mulheres".*

**CAPÍTULO 13**

# #lágrimas

# O lado bom do choro

Quando alguém se separa de um ente querido, pode se desfazer em lágrimas e, assim, expressar sua tristeza; precisamos nos dar o tempo necessário para sofrer, para nos sentirmos mal, senão a dor permanece não expressa e deforma nossa face, nossa vida e nos congela. Uma vivência de terrível dor é bem expressa nos quadros de Munch, do mais célebre *O grito* ao *A morte no quarto da doente*, que mostra eficazmente a incomunicabilidade da dor pessoal, terminando com *A mãe morta e a criança*, no qual a irmã mais nova tampa as orelhas em uma tentativa de rejeitar, não querer sentir a dor que vem de dentro. Em vez disso, manifestar a dor, mesmo que seja através do choro, pode ser bom. As lágrimas, como um rio que corre, podem nos levar para longe do passado e da dor, abrindo-nos para novas perspectivas e nos introduzindo em uma nova alegria de viver. Muitas vezes, porém, não se consegue chorar, então nossa jangada fica parada como se estivesse presa ou, pior, acaba num redemoinho que a faz girar em torno de si mesma, prendendo-nos no medo (*Dalla crisalide alla farfalla: come superare la sofferenza del lutto*, Marinella Bonfantini e Marilena Motta).

A vida é marcada pela dor da separação. Mesmo que não tenhamos memória disso, é uma certeza que nos é ensinada desde o corte de nosso cordão umbilical, assim que chegamos ao mundo. É uma cicatriz que permanecerá conosco ao longo da vida e que tomará outras formas imprevisíveis e às vezes incompreensíveis.

Há tantas maneiras de perder e cada uma delas gera uma dor especial naqueles que as sofrem: uma doença terminal, um infarto, um acidente, um suicídio, uma doença degenerativa, um aborto espontâneo, um desastre natural, um ato de terrorismo são todos eventos que nos separam dos entes queridos que gostaríamos de ainda ter conosco. Cada experiência gera um sentimento de sofrimento inédito e a maneira como o encaramos é igualmente única.

Após o bárbaro ataque terrorista de julho de 2016 em Nice, uma mãe, milagrosamente salva com seus quatro filhos, disse que eles, além de estarem em choque, não queriam mais sair de casa. Também sobre eles recaiu a face da incomunicabilidade da dor retratada por Munch. Em todos esses casos, dos mais trágicos aos mais inevitáveis, chorar nem sempre é tão natural. Pode haver outras formas menos libertadoras que as lágrimas, substantivo inalienável do léxico do luto.

Na minha história de perda, as lágrimas desempenharam um papel importante. Passei meses inteiros nos quais o choro se expressava com o ritmo das horas. Pensava que estava conseguindo segurar e, então, bastava cruzar o olhar ou lembrar-me de algo relacionado ao meu marido, um rio transbordava pelos meus olhos, deixando-me um trapo no fim do dia. Porque chorar significa libertação, mas também implica uma desidratação dos recursos mais íntimos.

Chorar é fazer-se pequeno como as incontroláveis gotas que nos representam simbolicamente diante dos outros. Somos um afresco frágil. Às vezes acontece de não conseguirmos segurar por muito tempo, concedendo à dor, felizmente, um espaço maior do nosso coração e do nosso corpo que, de outra forma, ficariam doentes. No entanto, também acontece de pedir a Deus o dom do choro, porque há momentos em que sucede exatamente o oposto: não se consegue chorar por meses ou anos. Parece quase que o luto se congelou dentro de nós, pobres pequeninos, fugindo da própria dor.

Conforme o tempo passa, às vezes nos embalando e às vezes nos atraindo mais para o fundo, buscamos um equilíbrio precário e flexível para o lugar a ser concedido às nossas lágrimas. É necessário passar por isso; não se pode ignorar. Tentar entender se fazem bem ou se são perniciosas; se nós mesmos estamos nos estagnando em nosso sofrimento.

Sentir o sabor das gotas significa favorecer o quanto elas podem ser generativas ao nosso desapego. Fazê-lo em conjunto com alguém pode ampliar ainda mais os espaços de sentimento que nos ajudam a passar do silêncio ensurdecedor dos escombros para o desejo barulhento da reconstrução.

## Para refletir

+ Como me sinto quando choro?
+ Choro muito? Demais?
+ Qual o sabor de minhas lágrimas?
+ Sinto-me melhor depois do choro?
+ Sinto-me mais triste que antes?
+ Os meus choros são de desespero?
+ Quando acontecem?
+ Vivo de choros libertadores?
+ Às vezes também choro quando tenho companhia?
+ Gostaria de chorar menos?
+ Gostaria de chorar mais?
+ Que palavras escolho para descrever minhas lágrimas?

## Os salmos do cinema

Quando começará o meu luto?
Como Anna, eu adio minha peregrinação de dor.
Há ausência no ar, mas abro as janelas
para não pensar nisso.

É muito cedo. Não sou capaz.
Posso até contar mentiras para mim mesma.
Não tenho vontade de compartilhar os contornos da sua
falta com os outros.
Nem sequer as lágrimas têm acesso ao meu quarto.

Pode-se tentar viver como se nada tivesse acontecido.
Só por um tempinho. Apenas pela sobrevivência.
Apenas para encontrar a roupa de luto.

Quero costurá-la em mim.
Que ela esteja sobre a minha alma.
Que eu possa usá-la realmente dia após dia.
Espero que o coração esteja pronto para sair.
Peço que o céu me ajude.
Que me obrigue a viver nossa separação.

Anna é a protagonista de *A espera* (*L'Attesa*), di Piero Messina (Itália, França // 2015 // duração 100').

Anna é uma mãe despedaçada que acaba de perder um filho. Ela o enterrou antes da chegada de sua namorada francesa, Jeanne, que ainda não sabe da morte dele. O tempo a seguir é uma fábula reconfortante antes do luto de ambas.

*O pensamento do diretor:*

*O senhor escolheu lidar com o tema do luto, do qual muitos diretores abdicam por toda uma carreira. Assunto difícil e insidioso: um grande risco, por quê?*

*"Eu me dou conta disso ao conversarmos. Talvez, mais do que coragem, haja inconsciência. No momento em que não havia percebido o medo, eu diria que é acima de tudo inconsciência. Eu nunca pensei no filme como algo difícil ou de ter medo de falar sobre luto. É uma história que amei desde o início e que pude imaginar na minha cabeça. O sentimento que conecta todo o filme pertence a mim e vive em mim. Eu nunca tive medo porque conhecia as emoções que ia narrar."*

*Então, o filme nasce de uma vivência pessoal?*

*"Como todo mundo, vivi perdas, mas racionalmente não usei essas experiências para encontrar soluções para a encenação de* A espera*. Talvez o filme tenha sido influenciado por elas. Estou convencido de que um diretor pode, e aí reside a*

tensão imaginativa, sentir com exatidão também as coisas que nunca atravessou na vida. Na verdade, senti uma preocupação no começo: não queria que meu filme magoasse quem passou por esses eventos dramáticos."

E que regras usou para evitar isso?

"Quando você pede ao espectador para confrontar-se com algo doloroso, é preciso ser o mais honesto possível. A honestidade, de um ponto de vista artístico, para mim é me referir às emoções sem brincar com outras superestruturas."[1]

---

[1] Entrevista de Arianna Prevedello, em 6 de setembro de 2015, para o *site* <www.famigliacristiana.it>.

## CAPÍTULO 14

# #tempo

# Do relógio à gratidão

A esperança que nasce da fé entendida como confiança nos coloca em um relacionamento diferente com as horas e os dias de nossa vida. Somos constantemente tentados a considerar o tempo em termos cronológicos, como *chronos*, como uma série de episódios e casos não relacionados. É assim que pensamos poder gerenciar o tempo ou manter nossas tarefas sob controle. Ou melhor, a maneira como nos sentimos escravos de nossos roteiros. Porque essa abordagem torna o tempo um fardo. Dividimos nosso tempo em minutos, horas, dias e semanas, e deixamos que seus rígidos prazos de entrega nos dominem. Criaturas ainda não totalmente convertidas, vivemos imersos no tempo cronológico. O tempo se torna um meio para alcançar um fim, não um conjunto de momentos para desfrutar do Senhor ou nos interessar pelo nosso próximo. E assim acabamos acreditando que o essencial ainda está por vir. O tempo de agradecer ou recolher-se em oração ou sonhar é comprimido, cancelado. Não é de surpreender que muitas vezes nos sintamos cansados e esvaziados, sobrecarregados ou defraudados, em nossa experiência do tempo. Mas o Evangelho fala de tempo "completo", de "plenitude" de tempo (cf. Mc 1,15; Gl 4,4; Ef 1,10). O que estamos procurando já está aqui. O místico Thomas Merton escreveu: "A Bíblia trata da plenitude do tempo, do momento certo para um evento acontecer, do momento certo para experimentar uma emoção, do tempo de colheita e do tempo para agradecer pela colheita". Comecemos a ver a história não como uma sequência de eventos que interrompem o que devemos" fazer (*Transforma o meu pranto em dança*, Henri Nouwen).

Quando aquele corpo, do qual conhecíamos os olhos, os olhares, os pensamentos, os movimentos, o tom da voz, o bocejo e até a tosse, deixa de ter vida, nossa agenda subitamente se torna uma página em branco. Somente a morte tem o poder de interromper nossa arrogância sobre a vida.

Se a pessoa falecida não for do nosso círculo mais estreito, muitas vezes esse será um pensamento que só teremos durante o funeral, sem o manter ao sair do cemitério. Nossa vida volta ao fluxo de correria e compromissos.

Há sempre muita confusão a respeito de quantas horas por semana uma pessoa pode trabalhar. O assunto foi discutido pela CEO do Yahoo, Marissa Mayer, que explicou como é importante que uma empresa de sucesso tenha pessoas disponíveis para trabalhar 130 horas por semana. Ela mesma admitia planejar quando tomar banho. Para não interromper o ritmo profissional à noite, ela cuidava de seus filhos, desde o primeiro mês de vida, no escritório, entre relatórios e orçamentos.

Nunca como agora, com a ganância das tecnologias digitais, se está reduzindo tanto o tempo de se elevar o olhar para o céu. Esgotando esse espaço, somos cada vez mais escravos do tempo cronológico. Quando a separação do falecido nos diz respeito mais de perto – um rompimento irreparável –, nosso relógio se bloqueia para sempre, impedindo-nos de voltar a ser como antes.

A gestão do dia, o tempo dedicado ao trabalho, o ritmo das relações, o estar com os pequenos, a contemplação e a meditação, a oração para quem consegue cultivar essa dinâmica cada vez mais difícil: depois de uma grande perda, tudo isso assume nova arquitetura.

Depois da morte do meu marido, tentei viver cada novo dia da minha vida como uma escultura, incompleta talvez, mas completa na sua plasticidade parcial. Todo dia tem seu *significado* e seu *mistério*, e eu apago a luz somente se me sinto em paz com essas duas palavras. Estou aprendendo a deixar para trás, a desapegar e a reconhecer o que deve ser desfrutado dia após dia. Com ele eu nem sempre fiz isso. Gostaria de me desculpar, mas ele não está aqui. No entanto, sinto que a melhor maneira de fazer isso é gerar essa atitude no tempo que ainda me é dado.

## Para refletir

- Como eu vivia o tempo em que você ainda estava vivo?
- Meu estilo de vida mudou no dia seguinte à sua morte?
- Como é o tempo depois de você?
- Os ponteiros ficaram mais lentos?
- Como me sinto nesse ritmo renovado?
- Eu percebo a lua?
- Eu procuro as estrelas?
- Eu o encontro no céu acima de mim?
- Como os dias começam depois de você?
- Como eles terminam?

## Os salmos do cinema

Eu compreendi o tempo perdendo você.
Eu aprendi a não ser escrava do relógio por não ter mais você aqui perto.
Eu aprendi a me libertar da agenda por não ter mais um encontro com você.

Não se pode sempre restaurar.
Não se pode sempre desperdiçar.

Não se pode sempre adiar.
Marguerite, que oferece tudo o que tem para Marie, sabe bem.
Até perder a vida. Para realmente existir.
Para nascer do ventre do presente.
Eu também quero viver assim.
Eu grito para mim mesma.
Agora que eu não tenho mais você comigo, sei o que é um minuto, uma hora, um dia.
Sei quando o sol se põe. Sei quando chegará o alvorecer.

Marie é a protagonista de *A linguagem do coração* (*Marie Heurtin*), de Jeanne-Pierre Améris (França // 2014 // duração: 95').

Marie é uma moça que, por razões físicas e psíquicas, vive completamente desconectada da realidade. Faltam-lhe alguns sentidos, mas ninguém a ajudou a desenvolver e desfrutar todos os demais que ela tem para comunicar-se consigo mesma, com a criação e as outras pessoas. Ninguém, até ela encontrar a tenacidade e a esperança de Irmã Marguerite.

*O pensamento do diretor:*
*Como você descobriu a história de Marie Heurtin?*
*"Sempre me interessei pela verdadeira história de Helen Keller, a menina americana surda e cega:*

*eu a conheci quando era adolescente, através do belo filme de Arthur Penn, O milagre de Anne Sullivan, com Anne Bancroft. Venho pesquisando as vidas desconhecidas de deficientes visuais e auditivos há cerca de dez anos: descobri, assim, uma história completamente esquecida, a de Marie Heurtin e da Irmã Sainte-Marguerite (que desenvolveu um método pedagógico para ajudar pessoas com deficiência visual e auditiva em Larnay). Eu queria compartilhar isso com o público porque a considero uma história atemporal, que afeta a todos nós em um sentido absoluto, porque fala de diferenças, sim, mas também daquele amor que nos faz abandonar nosso egoísmo para cuidar dos outros."*

*Seus filmes tratam de temas dramáticos, mas o que prevalece é a esperança: em Marie Heurtin a fé ilumina, é alegre...*

*"Em todos os meus filmes eu conto a história de personagens que estão 'presos', prisioneiros de si mesmos ou de deficiências, e que tentam se abrir para os outros, se comunicar. E é isso que eu mais gosto de filmar, é assim que os seres humanos conseguem se relacionar uns com os outros. Mesmo que meus argumentos pareçam difíceis, realmente acredito fazer um cinema muito otimista sobre a natureza humana, sobre a capacidade de todos estarem abertos e se conectarem com os outros. Sem esse propósito, acho que se vive apenas pela metade."*

*A história de Marie Heurtin fala sobre milagres: a compreensão e o amor podem operar milagres?*

*"O que eu acho perturbador nessa história é que ela conta um verdadeiro milagre. Um milagre nascido da vontade, da confiança e da coragem das religiosas. Não é um milagre que cai do céu. É por isso que nunca se mostra a Irmã Marguerite rezando. Para tentar nos fazer entender a grande importância do nosso compromisso: Marguerite consegue obter um resultado que todos consideram impossível, isto é, aprender a se comunicar com uma pessoa surda e cega graças a sua energia, teimosia e inteligência. Para mim, a mensagem de Cristo é antes de tudo concreta: realizar as coisas aqui e agora. Fazendo a sua vontade."*[1]

---

[1] Entrevista de Donatella Ferrario, em 6 de março de 2016. Disponível em: <www.famigliacristiana.it>.

## CAPÍTULO 15

## #sonho

## Deixemos que ele siga seu caminho

Ele estava pior do que sozinho: com uma criança ao lado e um deserto dentro. Em seu lugar, eu estaria arrasado. Em vez disso, ele me levantou em seus ombros e retomou o caminho. Tropeçando em muitos buracos e errando a direção, sapatos, companheiros de viagem. Mas, de alguma forma, ele conseguiu me salvar. Ele me amava. Mais que a mamãe. Porque o papai havia ficado. E há sempre mais amor naqueles que ficam do que naqueles que partem (*Fai bei sogni*, Massimo Gramellini).

Muitas vezes penso na possibilidade dessa injustiça contada por Gramellini. Quem se vai, perde a competição dos afetos? Ou a ganha de modo ingrato?

Onde se experimenta a ausência, ocorre como consequência a ambiguidade, a possibilidade de correrem ambos esse risco. Podemos, por fim, esquecer quem se foi, até por uma questão de sobrevivência, e não querer tão bem quanto a pessoa mereceria, como, por outro lado, podemos idealizar até a perfeição do mito a pessoa que se foi.

Quando um dos pais se vai, o que resta é amar a loucura – justamente porque existe e pode ser tocada, como lembra o romance *Fai bei sogni* –, mas também é o mesmo pai ou mãe a detestar com igual paixão se não cumprir nossas expectativas. Se não somos presentes e fiéis a nós mesmos, dos mortos podemos fazer o que quisermos, moldando-os às nossas necessidades.

Certo dia, por causa de uma traquinagem, eu estava chamando a atenção de uma menina que havia perdido a mãe alguns anos antes. Enquanto eu a repreendia, seus olhos involuntariamente pousaram justamente na foto da mãe. Por alguns instantes, participei de uma competição que racionalmente considero inexistente, mas que é típica das armadilhas que a alma humana tende a enfrentar. Ela, pequena criatura, terá sofrido dessa ausência imperfeita? Quem não está presente não nos reprova. Não nos critica. Não nos trai. Não nos magoa. Nunca é inadequado.

É o risco que se corre quando se perde um dos genitores, mas também para o irmão que fica quando morre um filho, para um novo parceiro de vida quando se perde um cônjuge ou um namorado.

A GRAÇA DE RECOMEÇAR

Aqueles que habitam os novos espaços são cada vez mais deficientes porque a terra é o universo da limitação. Nossos mortos não são mais da terra e, com nosso amor, ainda que restrito, provavelmente os ajudaremos a levantarem-se, a alcançarem na alma a vida sem fim.

O desafio continua sendo entender o que fazer com as lápides, que relacionamento continuar mantendo com eles depois de dias, meses, anos sem fim de separação não escolhida, às vezes nem mesmo aceita e outras vezes nunca compreendida.

Muitas vezes só descobrimos a grandeza daqueles que se foram depois de perdê-los. Também graças às deficiências de quem permanece perto de nós, os talentos de quem não está brilham mais. Que grande ambiguidade! No entanto, é uma oportunidade real de se relacionar com nossos mortos, mas isso não pode se tornar uma culpa para quem permanece e que já trava uma bela batalha cotidiana.

É difícil ser adulto capaz de viver essa distinção. Às vezes, a dor filtra nossas capacidades, deixando-nos cegos ou muito exigentes diante de quem nos rodeia e perdoando tudo a quem não está mais presente. É realmente a feira das ambiguidades e é bom conhecer bem os pavilhões para não nos tornarmos vítimas desprevenidas.

No poema *Súplica a minha mãe*, Pier Paolo Pasolini diz: "És a única no mundo que sabe o que esteve sempre no meu coração". Talvez essa seja a chave de leitura com a qual olhar os vivos e os mortos na perspectiva de um papel sem fim, que vai além das formas do corpo para alimentar-se das formas de sentimentos e da alma.

Podemos ser capazes de papéis que superam o duelo entre perfeição e imperfeição e que vivem em um relacionamento que continua a nos nutrir, apesar de toda a distância no tempo e no espaço. Apesar, até, de uma escolha incompreensível como a de morrer, narrada pelo escritor Gramellini, numa perspectiva materna autobiográfica. Deixemos que eles sigam seu caminho, para que possamos, com o tempo, ter belos sonhos. Mesmo como adultos.

## Para refletir

- Sua morte é um outro nascimento?
- O ventre celeste o acolheu?
- Posso viver sua morte também como um segundo nascimento meu?
- O que me impede de conseguir?
- O que me ajuda a tentar?
- Deixo que você siga seu caminho?
- Que palavras lhe digo?
- O que compreendo do mistério da morte, enquanto o deixo ir?

- Consigo não procurá-lo em quem está vivo?
- Sei reconhecer os outros na unicidade deles?
- Há dignidade na minha dor?
- Na minha solidão sem você?
- Há alguma coisa de bom em mim que não existia antes da sua morte?
- A quem posso oferecer?
- Creio em um belo sonho para mim?

## Os salmos do cinema

E se eu mantivesse você na terra?
Se eu não tivesse vida suficiente para deixar você ir?
Se eu fosse como Massimo, que mantém a mãe depois de tantos anos?

Todos gostaríamos de ter belos sonhos,
mas nossos mortos ainda vivem lá.
Difícil deixar você ir.
É nossa vez de morrer.
Aceitar você em outro lugar. Para sempre.

Minha dor é silenciosa. Congelada por muito tempo.
Eu não disse tudo a mim mesma.
Continuo adiando algumas compreensões.

Peço a alguém que me ajude a olhar para dentro.
A deixar você ir. Desejo fazer isso.
Eu quero isso. Por você. Por mim.
Por aquilo que vivemos.
Para abrir espaço em meus sonhos.

Massimo é o protagonista de *Belos sonhos* (*Fai bei sogni*), de Marco Bellocchio (Itália, França // 2016 // duração 134').

Massimo é órfão de mãe desde os 9 anos. Sobre a morte dela, há um estranho silêncio com o qual ele lidará ao tornar-se adulto, graças a uma mulher que destravará seu coração e sua memória.

> *O diretor: "Este filme nasceu de um livro, Fai bei sogni, de Massimo Gramellini, um grande sucesso editorial recente (e é substancialmente fiel aos fatos e afetos que o livro descreve). Mas não é este o motivo que me convenceu (ser um best-seller), mas sim o tema, o drama que o romance contém. A morte da mãe, ser órfão quando ainda se é criança. A dor de Massimo, que perde a mãe adorada aos nove anos (adorada no duplo sentido de um amor, que Massimo sente retribuído, absoluto e exclusivo), sua revolta contra essa tragédia injusta, e, com o passar do tempo, sua adaptação*

## A GRAÇA DE RECOMEÇAR

*para sobreviver a essa perda incompreensível. Adaptação à vida que tem um alto custo para Massimo, porque obscurece, reduz — justamente pela necessidade de defender-se para sobreviver — a sua capacidade de amar, a refreia, a anula com danos que se prolongarão à adolescência e mais tarde à sua vida adulta. Até que essa armadura de indiferença, por circunstâncias complexas e por encontros apenas aparentemente casuais, começa a rachar. Massimo, já um grande jornalista famoso, 'acorda', enfrenta sua dor 'primária' até a descoberta final, verdadeira reviravolta na história que não é mostrada (mas aqueles que leram o livro, e são muitos, já conhecem). Pode-se falar de 'cura', porém prefiro, com mais prudência, falar de um começo real de mudança...".*

Rua Dona Inácia Uchoa, 62
04110-020 – São Paulo – SP (Brasil)
Tel.: (11) 2125-3500
http://www.paulinas.com.br – editora@paulinas.com.br
Telemarketing e SAC: 0800-7010081